Jörg Krampe/Rolf Mittelmann

Rechenspiele für die Klasse 6

Kopiervorlagen

Verlag Ludwig Auer Donauwörth

2. Auflage. 1988

Gesamtherstellung: Ludwig Auer GmbH, Donauwörth
ISBN 3-403-0**1820**-2

Inhalt

Lerninhalt	Aufgabentyp	Spielform	Spiel-Nr.
● Multiplikation und Division von Dezimalbrüchen	a · b = x	Puzzle	6.2.3.8.1
	a · b = x	(Kreis-)Domino	6.2.3.8.2
	a · b = x	(Streifen-)Domino	6.2.3.8.3
	a · b = x	(Ring-)Domino	6.2.3.8.4
	a : b = x, b ganzzahlig	Bilder aus Punkten	6.2.3.8.5
	a : b = x, b ganzzahlig	Puzzle	6.2.3.8.6
● Operative Übungen	Dezimalbrüche +, −, ·, :	Puzzle	6.2.3.9.1
	Dezimalbrüche +, −, ·, :	Bilder aus Punkten	6.2.3.9.2
	Bruch u. Dezimalbr. +, −, ·, :	Geheimschrift	6.2.3.9.3
	Dezimalbrüche +, −, ·, :	Zuordnungsquartett	6.2.3.9.4
	Dezimalbrüche +, −, ·, :, Pot.	Puzzle	6.2.3.9.5
Größen und Sachrechnen	Zeit	Domino	6.3.1.1
– Addition und Subtraktion	Längen, Geld, Gewicht	(Ring-)Domino	6.3.1.2
– Multiplikation und Division	Längen, Gewicht, Rauminhalt	Puzzle	6.3.2.1
– Operative Übungen	Gewichte	Rechenfeld	6.3.3.1
– Sachaufgaben	Geld, Rauminhalt	Ausmalen	6.3.4.1
	Geld	Rechenfeld	6.3.4.2
Statistik und Wahrscheinlichkeit	Wahrscheinlichkeit	Würfelspiel	6.4.1
	Wahrscheinlichkeit	Würfelspiel	6.4.2
Geometrie – Achsen- und Punktsymmetrie ● Zeichnerische Herstellung		*	
● Untersuchung	Achsensymmetrie	Ja-Nein-Spiel	6.5.2.1
– Winkel messen und zeichnen		Winkelzüge	6.5.3.1

* Ergänzungslieferung

Spielanleitungen

(Lösungsbilder und Einzelhinweise befinden sich auf den Rückseiten der entsprechenden Kopiervorlagen)

Ausmalen

Material: Spielplan, ein oder mehrere Farbstifte

Ablauf:
- Aufgabe(n) lösen
- die Ergebniszahlen im Bildteil aufsuchen und nach Anweisung einfärben

Kontrolle: Durch Vergleich mit ausliegendem Lösungsblatt (bei einfarbigen Bildern auch Selbstkontrolle durch entstehende Figur)

Tip: Das vorgegebene Lösungsbild sollte vom Lehrer gegebenenfalls ausgemalt werden, um den Vergleich zu erleichtern.

Bilder aus Punkten

Material: Spielplan

Ablauf:
- Aufgaben lösen
- Bildpunkte nach Anweisung bzw. in der Reihenfolge der zugeordneten Ergebniszahlen verbinden

Selbstkontrolle: ein Bild

Tip: ausmalen

Domino (Streifen-, Ring-, Kreis-, Vieleck-)

Material: Dominoteile (Rechtecke, Dreiecke oder Kreissegmente)

Ablauf:
- Dominoteile ausschneiden
- gekennzeichnetes erstes Kärtchen heraussuchen (enthält links keine Lösungszahl – beim Kreisdomino nicht vorhanden) und Aufgabe lösen
- neues Teil mit passender Lösungszahl rechts anlegen und neue Aufgabe lösen usw.

Selbstkontrolle: gekennzeichnetes letztes Teil (bei Kreisdomino: Bild oder Lösungswort)

Geheimschrift

Material: Aufgabenblatt mit Schlüssel

Ablauf:
- Aufgaben lösen
- den Ergebniszahlen nach Schlüssel Buchstaben bzw. Wörter zuordnen

Selbstkontrolle: Lösungswort

Ja-Nein-Spiel

Material: Spielplan

Ablauf:
- Aufgabe in den Quadraten bzw. Kreisen lösen
- den Pfeilen folgen
- Buchstaben bzw. Zahlen in die Lösungskästchen eintragen (unter dem Rätsel)

Selbstkontrolle: sinnvoller Satz oder richtig gelöste Rechenaufgabe

Puzzle

Material: Spielplan und Puzzleteile

Ablauf:
- Puzzleteile ausschneiden
- Aufgaben lösen
- passende Puzzleteile auf Spielplan auflegen (Zuordnung: Aufgabe – Ergebnis; evtl. nach anderen vom Lehrer gegebenen Anweisungen)

Selbstkontrolle: Bild

Tip: Aufkleben und ausmalen

Rechenfeld

Material: Spielplan

Ablauf:
- eine Zahl im linken Feld streichen
- aus dem mittleren Feld eine solche Zahl wählen und streichen, die mit der Zahl aus dem linken Feld verknüpft (Operationszeichen beachten) eine Ergebniszahl liefert, die im rechten Feld vorkommt
- Ergebniszahl im rechten Feld streichen
- falls verlangt, Aufgabe notieren; usw.

Kontrolle: Eine dem Lehrer bekannte Zahl bleibt über.

Würfelspiel

Material: 1 Spielplan und 1 Würfel je Gruppe, je Spieler 1 Spielstein

Ablauf:
- reihum würfeln
- Spielstein entsprechend der Augenzahl vorwärts setzen
- das Erreichen bestimmter Felder kann mit Zusatzaufgaben verbunden sein (Regeln festlegen!).
- Gewinner ist, wer als erster die Zielzahl erreicht bzw. überschreitet.

Kontrolle: durch Spielgegner

Tip: sehr variantenreich durch Zusatzregeln, z. B. Erreichen einer Einmaleinsergebniszahl muß die entsprechende Aufgabe genannt werden!

Zuordnungsquartett

Material: Spielplan und „Quartettkarten"

Ablauf:
- Karten ausscheiden
- Aufgaben lösen
- je 4 Karten mit gleichem Ergebnis auf einem Spielplanfeld lösungsgerecht zusammenlegen

Die vorliegende Sammlung kopierfähiger Spielvorlagen wird so ergänzt, daß zu jedem Lerninhalt des 6. Schuljahres mehrere verschiedene motivierende Rechenspiele mit unterschiedlichem Aufgabenmaterial vorliegen **(Ergänzungslieferung).**

Die theoretische Grundlegung und ihre methodisch-didaktische Aufbereitung, die durch zahlreiche Beispiele und **Stundenvorbereitungen** illustriert wird, findet der Leser im Buch „Schülergerechter Mathematikunterricht in den Klassen 5/6" im Auer-Verlag. Außerdem sind dort die **ausführlichen Spielanleitungen** mit diversen Variationsmöglichkeiten und **zahlreiche Spiele für das 5/10-Minuten-Rechnen** zusammengestellt.

567·254		879·217	6792·57	2578·67	4086·114	4587·36	4268·86	4728·41

35224 + 78965 + 9564 + 8596 + 32783	479903 − 42783 − 70072	41945 + 94586 + 46987 + 10330	8632 + 48963 + 86423		37073 + 83406 + 34494 + 17753	77061 + 85963 + 8967 + 18752	448669 − 45689 − 15836	483985 − 4587 − 13594

Lösungen:

	4268 · 86	6792 · 57	567 · 254	4587 · 36	879 · 217	4728 · 41	4086 · 114	2578 · 67
	= 367048	= 387144	= 144018	= 165132	= 190743	= 193848	= 465804	= 172726
479903 − 42783 − 70072 367048	448669 − 45689 − 15836 387144	8632 + 48963 + 86423 144018	35224 + 78965 + 9564 + 8596 + 32783 165132	77061 + 85963 + 8967 + 18752 190743	41945 + 94586 + 46987 + 10330 193848	483985 − 4587 − 13594 465804	37073 + 83406 + 34494 + 17753 172726	

41892	39025	42640	44475	37349	23638	48189	58626	41259	40044	38120	44006

879·23 + 756·37	867·19 + 729·34	459·43 + 238·74	458·23 + 728·18	953·17 + 634·36	753·28 + 634·34	572·53 + 256·38	542·49 + 437·41	394·47 + 726·27	694·53 + 258·28	864·25 + 534·38	567·46 + 452·72

Lösungen:

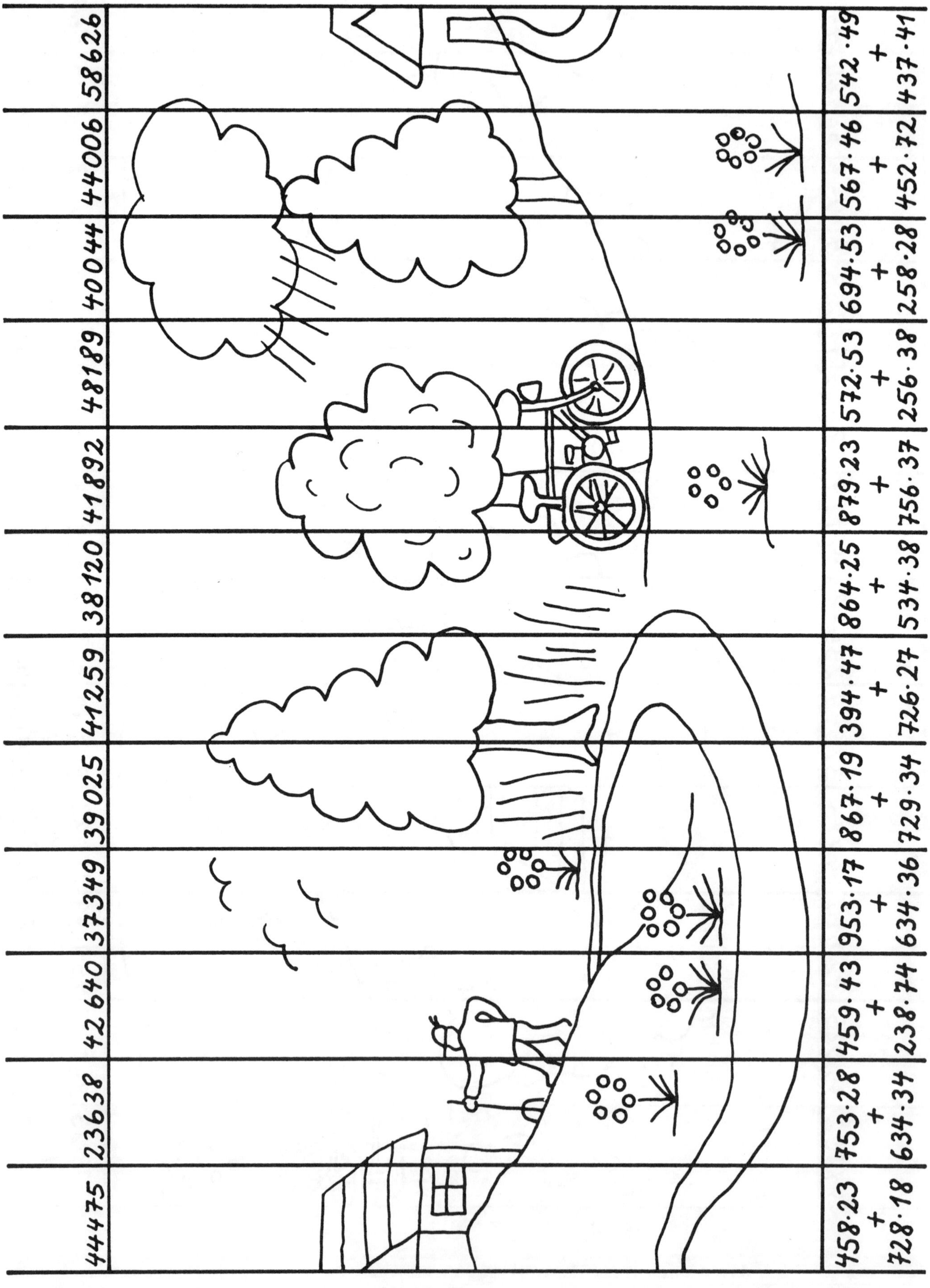

44475
23638
42640
37349
39025
41259
38120
41892
48189
40044
44006
58626
458·23 + 728·18
753·28 + 634·34
459·43 + 238·74
953·17 + 634·36
867·19 + 729·34
394·47 + 726·27
864·25 + 534·38
879·23 + 756·37
572·53 + 256·38
694·53 + 258·28
567·46 + 452·72
542·49 + 437·41

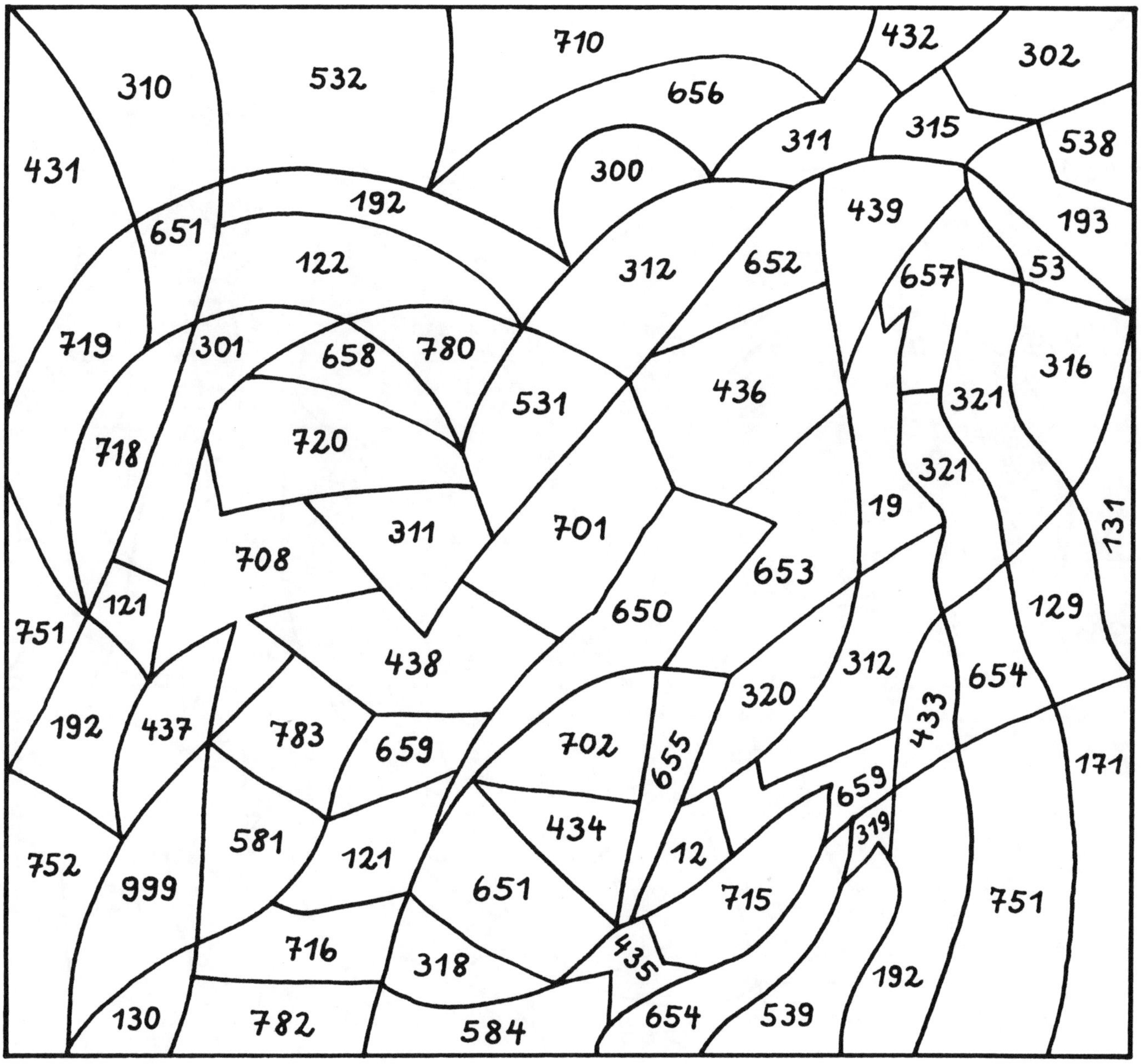

13 650 : 21 = ________	16 644 : 38 = ________	22 855 : 35 = ________
12 285 : 39 = ________	14 344 : 22 = ________	20 056 : 46 = ________
26 779 : 61 = ________	55 224 : 78 = ________	16 824 : 24 = ________
12 445 : 19 = ________	19 840 : 62 = ________	46 800 : 65 = ________
9 889 : 31 = ________	23 694 : 33 = ________	41 760 : 96 = ________
55 458 : 79 = ________	60 444 : 92 = ________	35 532 : 54 = ________
45 471 : 69 = ________	29 799 : 99 = ________	27 057 : 87 = ________

Lösungen:

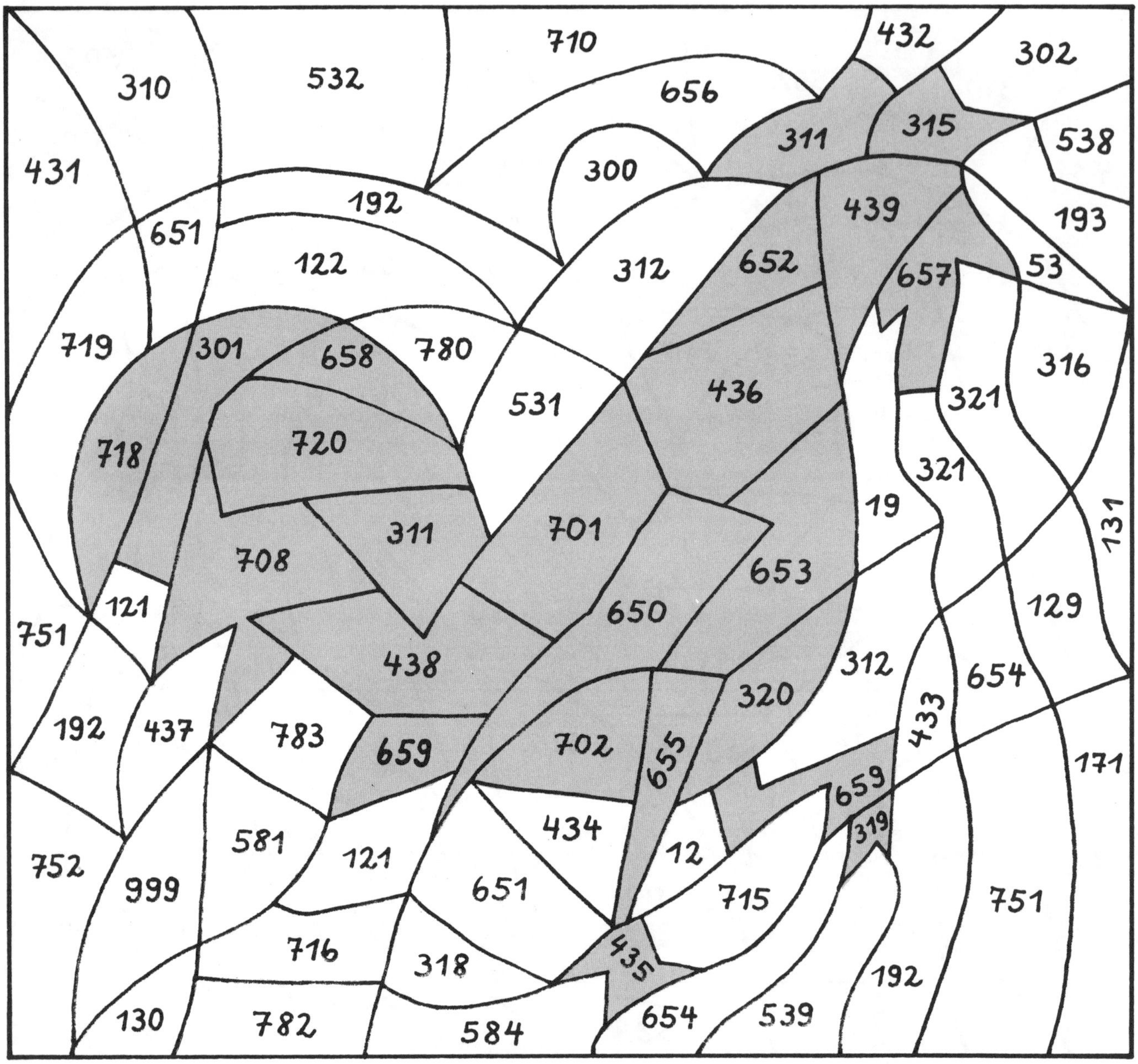

13 650 : 21 = 650	16 644 : 38 = 438	22 855 : 35 = 653
12 285 : 39 = 315	14 344 : 22 = 652	20 056 : 46 = 436
26 779 : 61 = 439	55 224 : 78 = 708	16 824 : 24 = 701
12 445 : 19 = 655	19 840 : 62 = 320	46 800 : 65 = 720
9 889 : 31 = 319	23 694 : 33 = 718	41 760 : 96 = 435
55 458 : 79 = 702	60 444 : 92 = 657	35 532 : 54 = 658
45 471 : 69 = 695	29 799 : 99 = 301	27 057 : 87 = 311

$30+(15\cdot 4):6$	$(900:9)\cdot 10+10$	$(900:9)\cdot(10+10)$	$25+15\cdot 16-3\cdot 4$	$144:(12+6)\cdot(2+5)\cdot 4$
$(30+15\cdot 4):6$	$900:[9\cdot(10+10)]$	$(28:4)\cdot 7+90$	$(25+15)\cdot(16-3\cdot 4)$	$144:(12+2\cdot 6)+5\cdot 4$
$[(30+15)\cdot 4]:6$	$900:(9\cdot 10)+10$	$28:(4\cdot 7)+90$	$28:7+16\cdot 2-8\cdot 3$	$144:12+2\cdot 6+5\cdot 4$

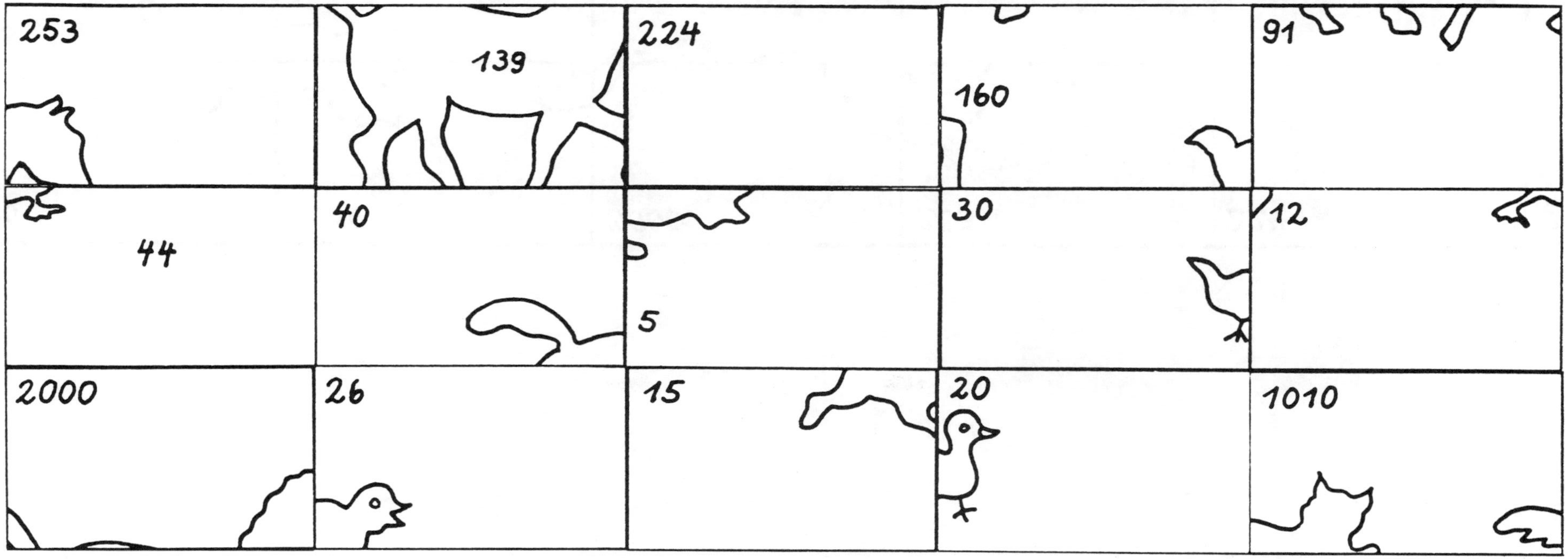

Lösungen:

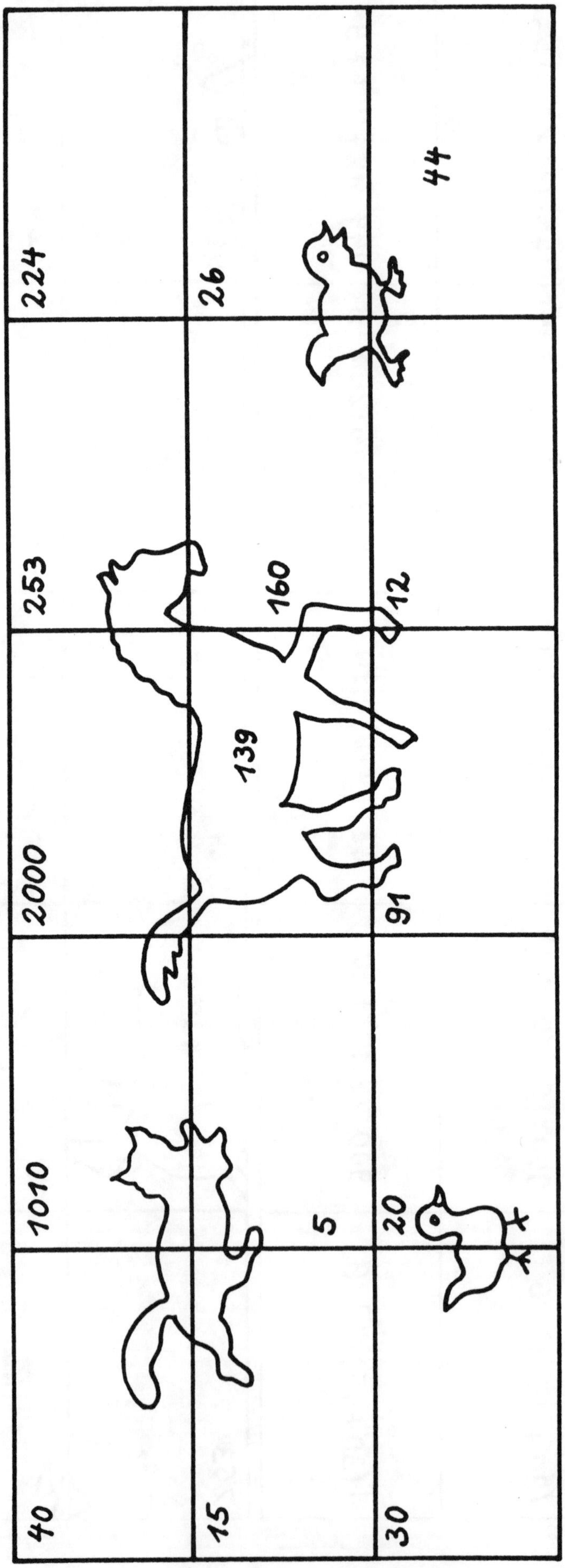

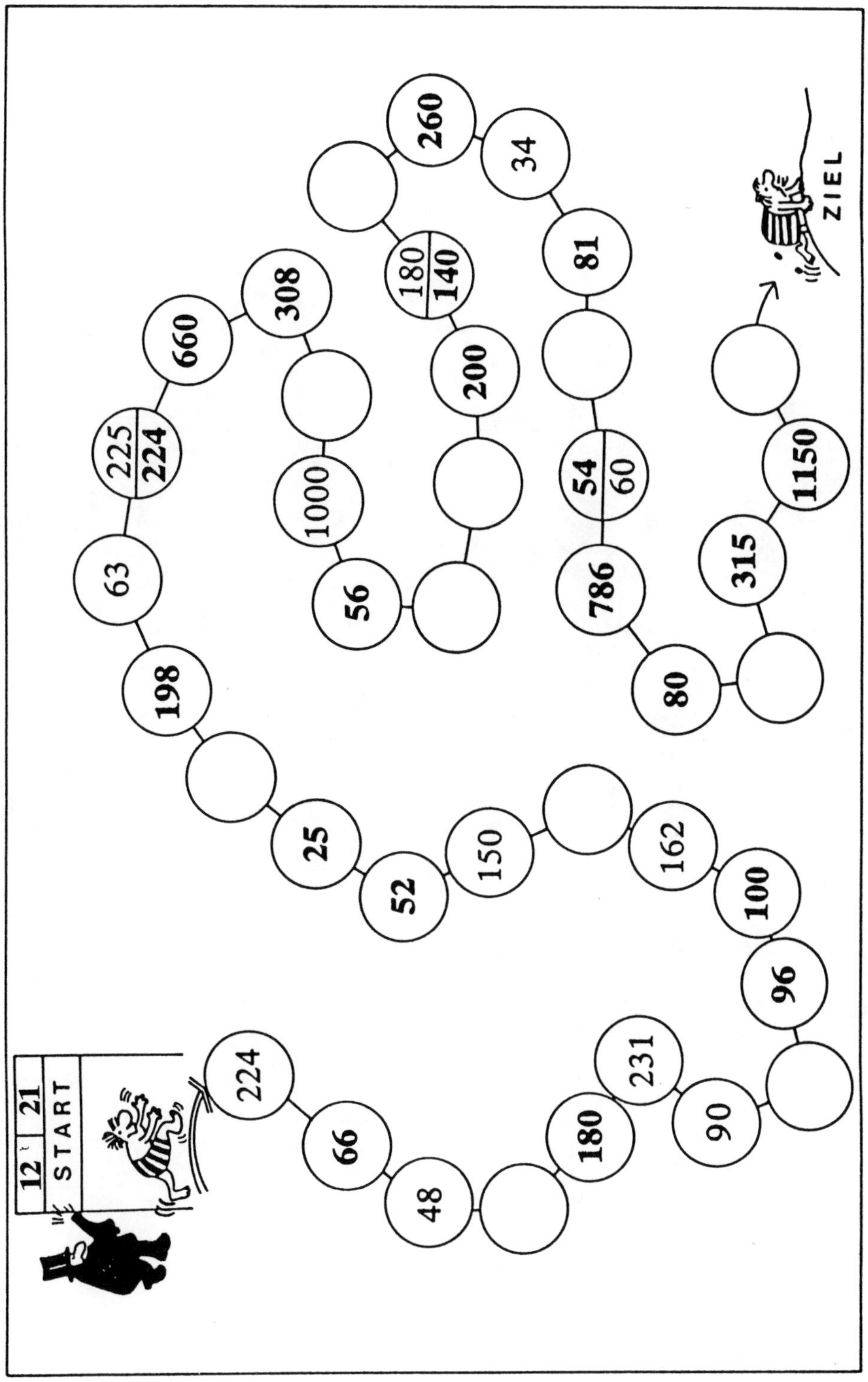

Spielregel:
Kein Würfel! Die Zahlen der Felder werden in Primfaktoren zerlegt. Diese entscheiden über das Vorrücken.

(12) Gehe so viele Felder vorwärts, wie dir der *kleinste* Primfaktor angibt!

(224) Gehe so viele Felder vorwärts, wie dir der *größte* Primfaktor angibt!

○ Gehe 3 Felder zurück!

⊖ Wenn du auf ein geteiltes Feld kommst, kannst du die Zahl wählen!

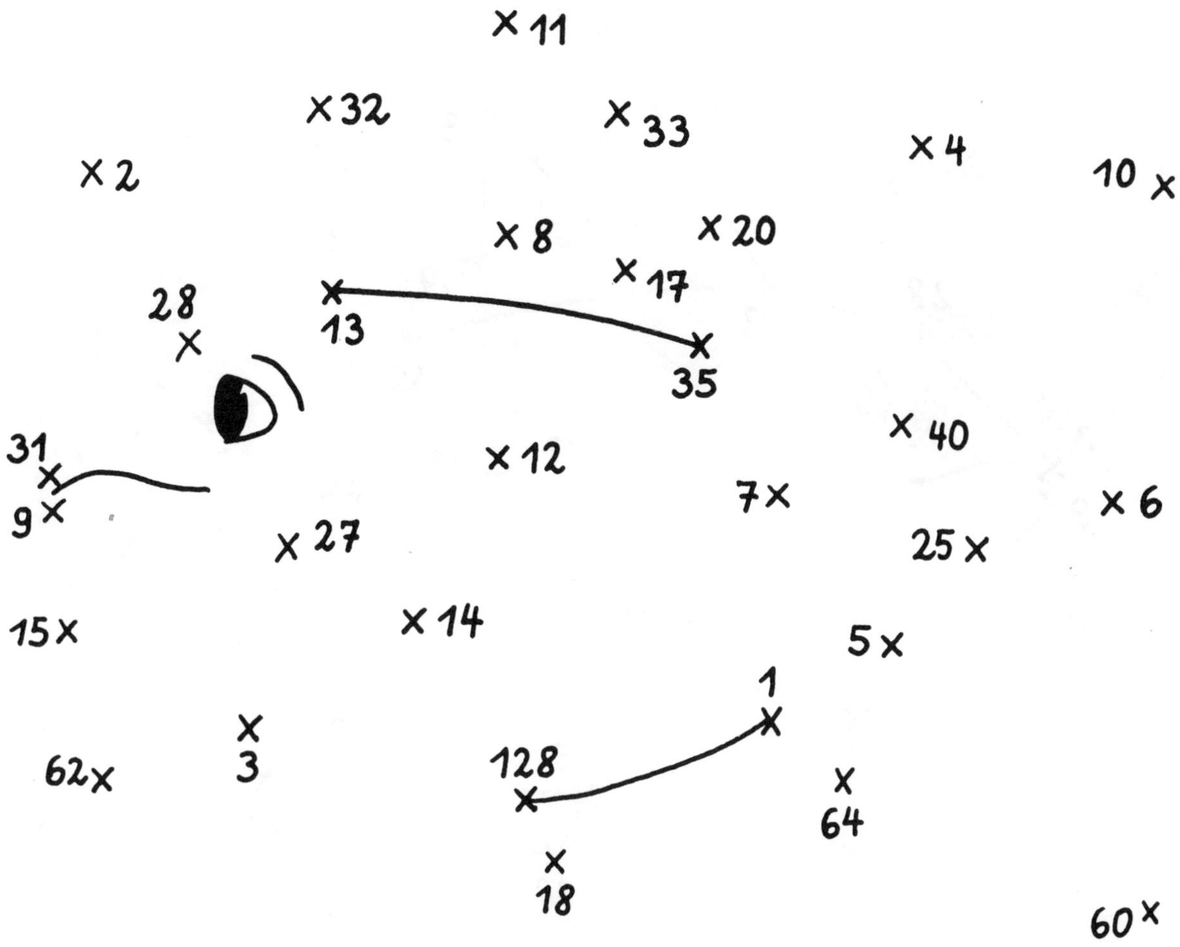

333, 135; ggT = ______

249, 108; ggT = ______

640, 256; ggT = ______

360, 198; ggT = ______

64, 512; ggT = ______

81, 275; ggT = ______

65, 115; ggT = ______

240, 300; ggT = ______

325, 250; ggT = ______

40, 310; ggT = ______

120, 200; ggT = ______

245, 840; ggT = ______

240, 4900; ggT = ______

85, 153; ggT = ______

99, 363; ggT = ______

72, 248; ggT = ______

121, 77; ggT = ______

169, 117; ggT = ______

56, 308; ggT = ______

93, 341; ggT = ______

Lösungen:

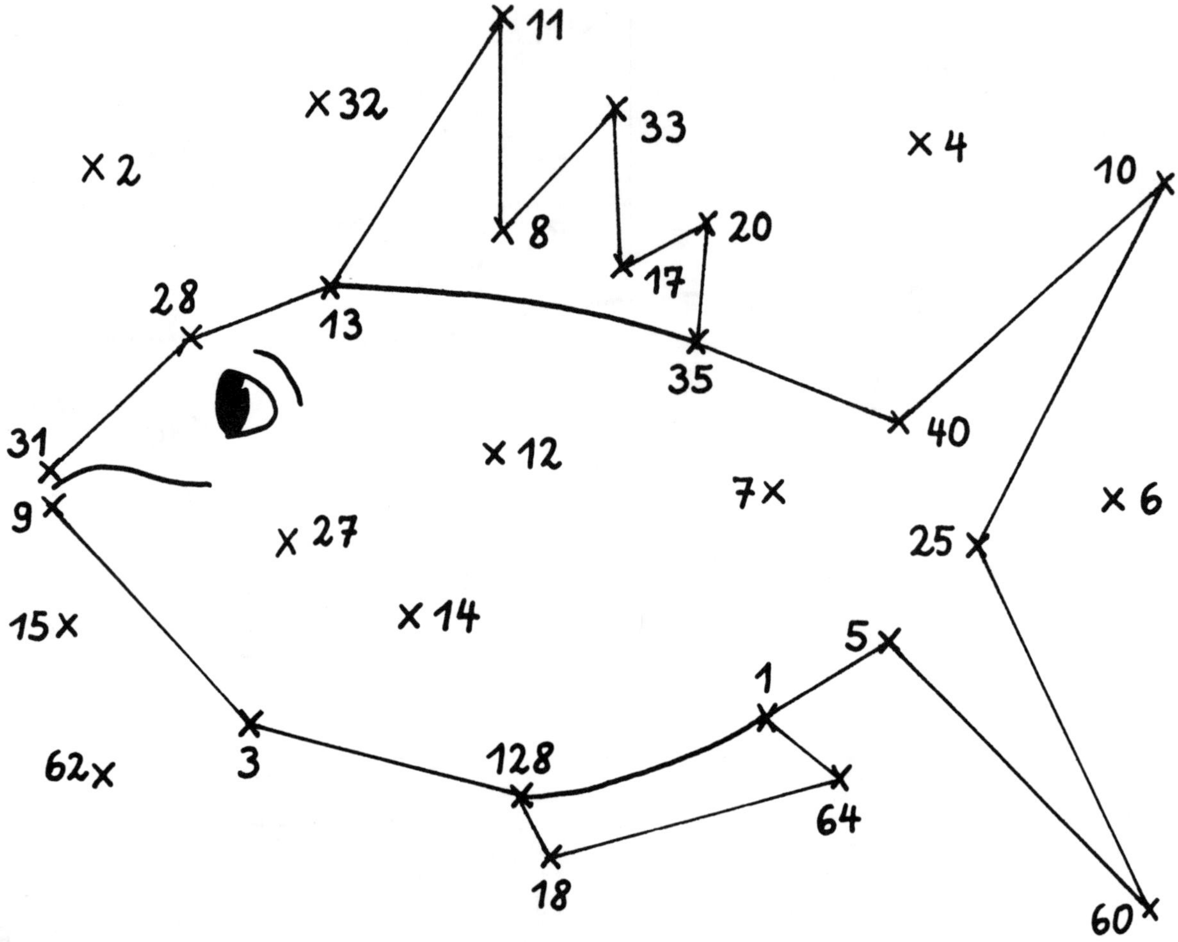

333, 135; ggT = 9	120, 200; ggT = 40
249, 108; ggT = 3	245, 840; ggT = 35
640, 256; ggT = 128	240, 4900; ggT = 20
360, 198; ggT = 18	85, 153; ggT = 17
64, 512; ggT = 64	99, 363; ggT = 33
81, 275; ggT = 1	72, 248; ggT = 8
65, 115; ggT = 5	121, 77; ggT = 11
240, 300; ggT = 60	169, 117; ggT = 13
325, 250; ggT = 25	56, 308; ggT = 28
40, 310; ggT = 10	93, 341; ggT = 31

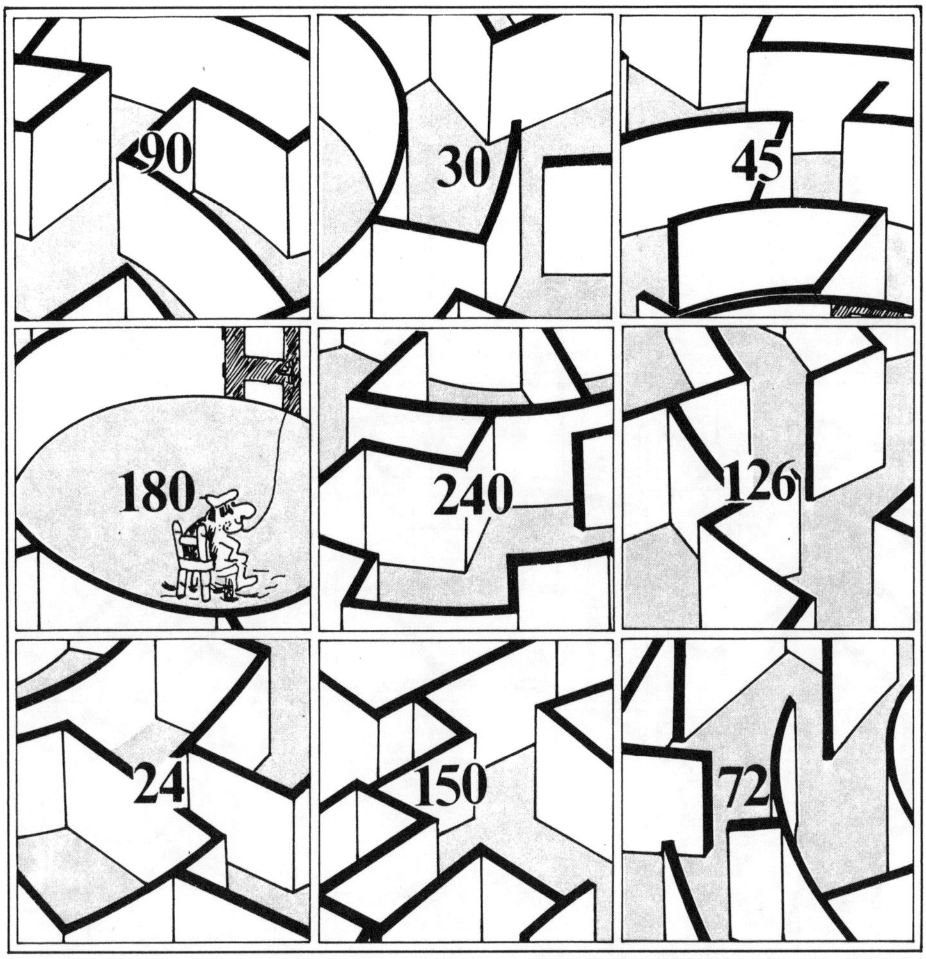

25 = 30 = 50 = kgV =	9 = 15 = kgV =	6 = 9 = 15 = kgV =
8 = 9 = kgV =	30 = 36 = 45 = kgV =	5 = 10 = 30 = kgV =
3 = 9 = 14 = kgV =	12 = 15 = 16 = kgV =	8 = 12 = kgV =

Lösungen:

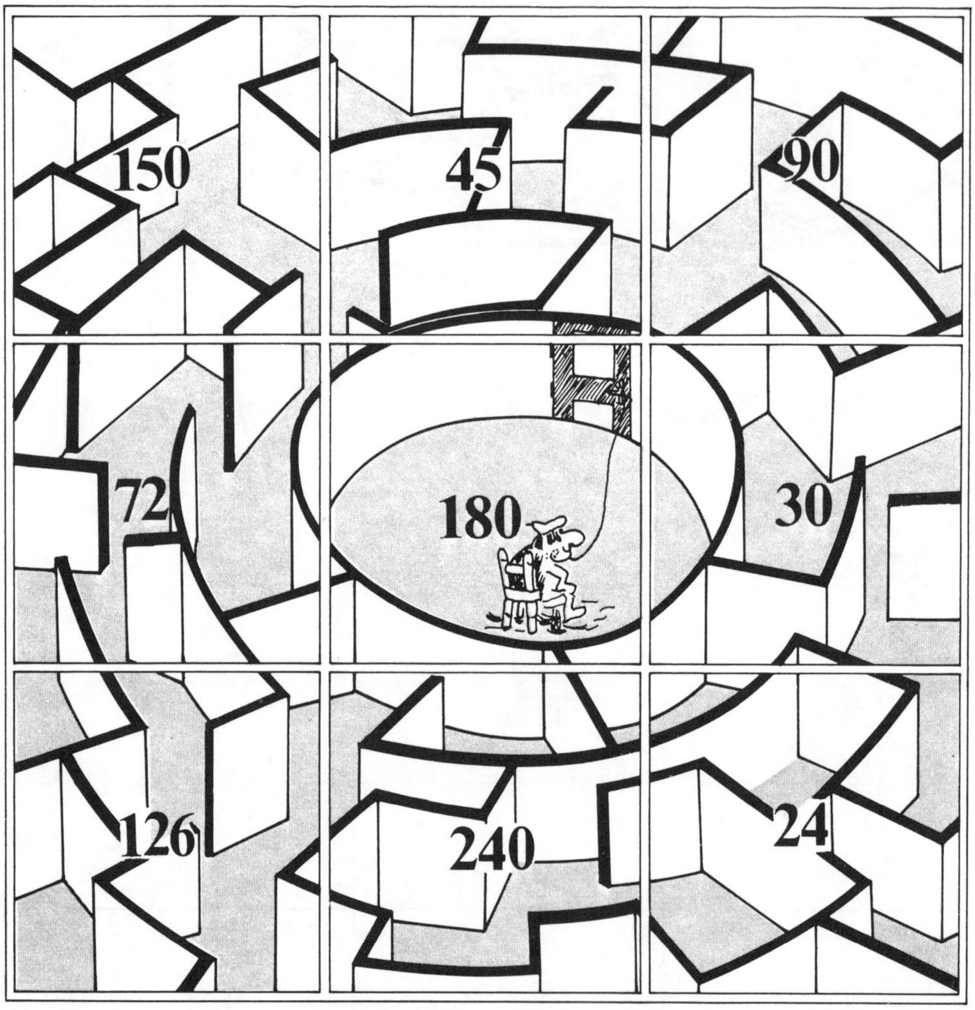

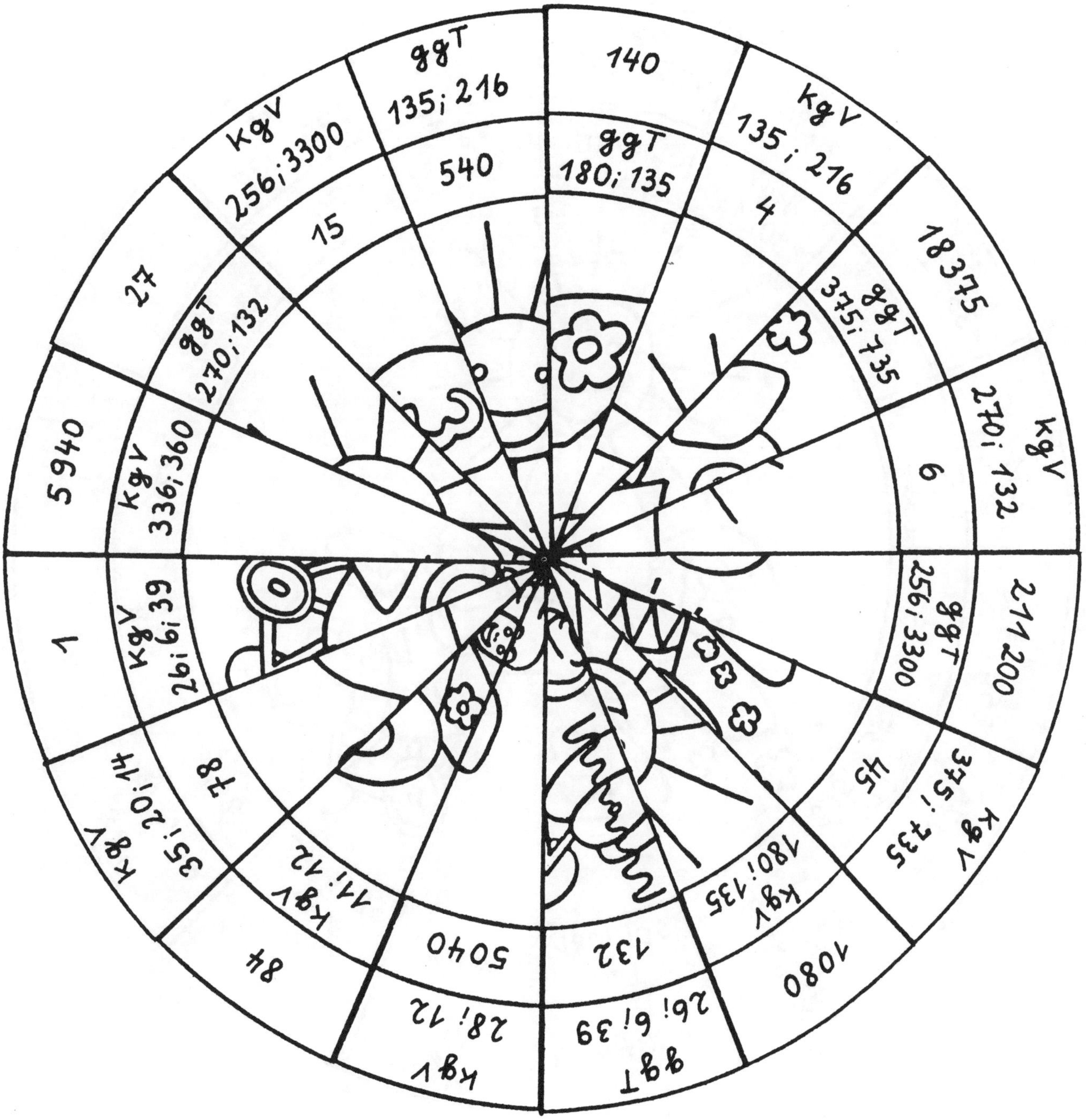

140
ggT 180; 135
kgV 135; 216
4
18375
ggT 375; 735
kgV 270; 132
6
211200
ggT 256; 3300
kgV 375; 735
45
1080
kgV 180; 135
ggT 26; 6; 39
132
kgV 28; 12
5040
84
kgV 11; 12
kgV 35; 20; 14
78
1
kgV 26; 6; 39
5940
kgV 336; 360
27
ggT 270; 132
kgV 256; 3300
15
ggT 135; 216
540

Lösungen:

ggT
135 ; 216
27
kgV
270 ; 132
5940
kgV
28 ; 12
84
ggT
26 ; 6 ; 39
1
kgV
35, 20, 14
140
kgV
375 ; 135
18375
kgV
256 ; 3300
211200
kgV
135 ; 216
1080
540
ggT
270 ; 132
6
kgV
336 ; 360
5040
kgV
11 ; 12
132
kgV
26 ; 6 ; 39
78
ggT
180 ; 135
45
ggT
375 ; 135
15
ggT
256 ; 3300
4
kgV
180 ; 135
3
0

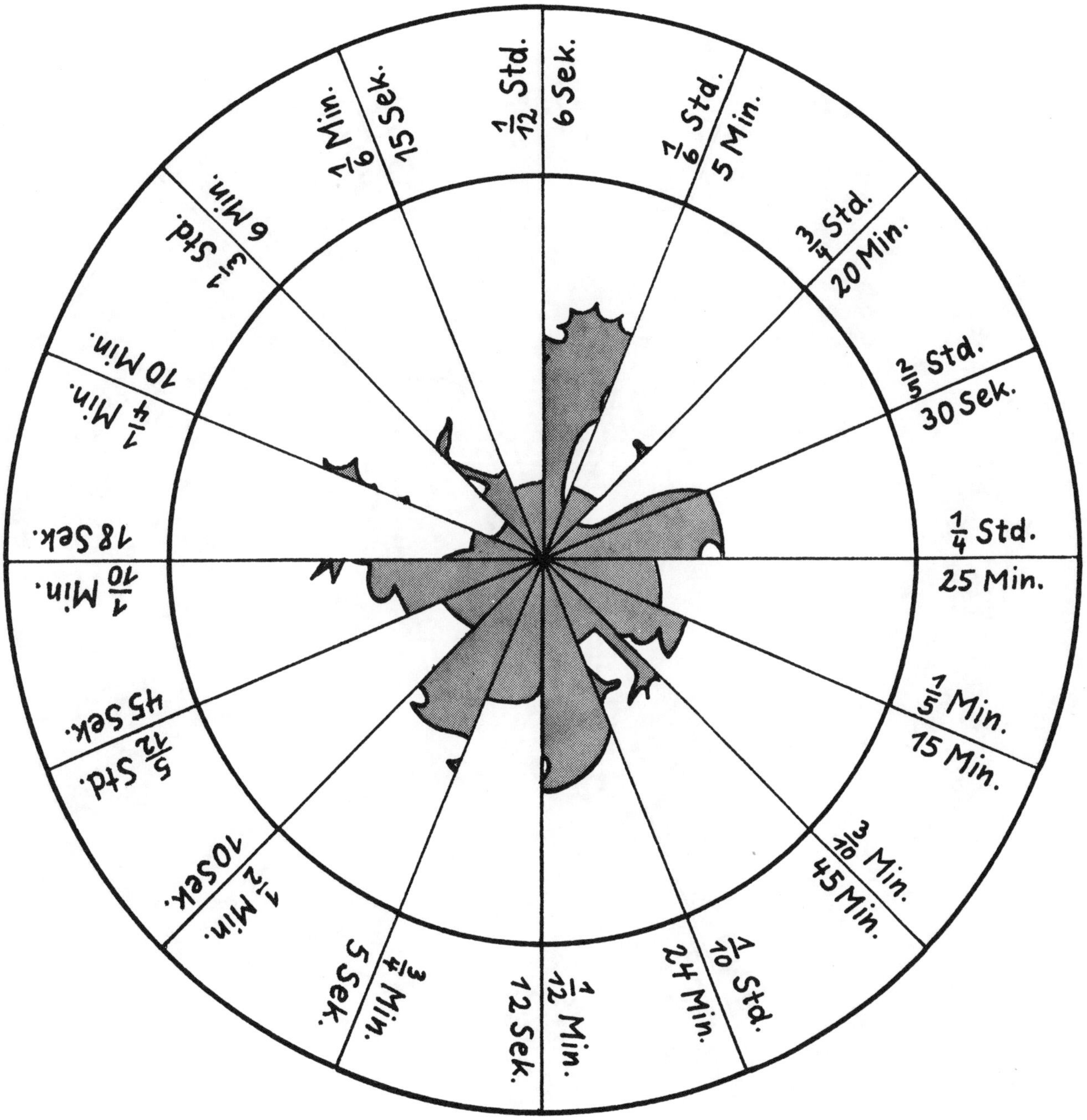

1/12 Std.
6 Sek.
1/6 Std.
5 Min.
3/4 Std.
20 Min.
2/5 Std.
30 Sek.
1/4 Std.
25 Min.
1/5 Min.
15 Min.
3/10 Min.
45 Min.
1/10 Std.
24 Min.
1/12 Min.
12 Sek.
3/4 Min.
5 Sek.
1/2 Min.
10 Sek.
5/12 Std.
45 Sek.
1/10 Min.
18 Sek.
1/4 Min.
10 Min.
1/3 Std.
6 Min.
1/6 Min.
15 Sek.

Lösungen:

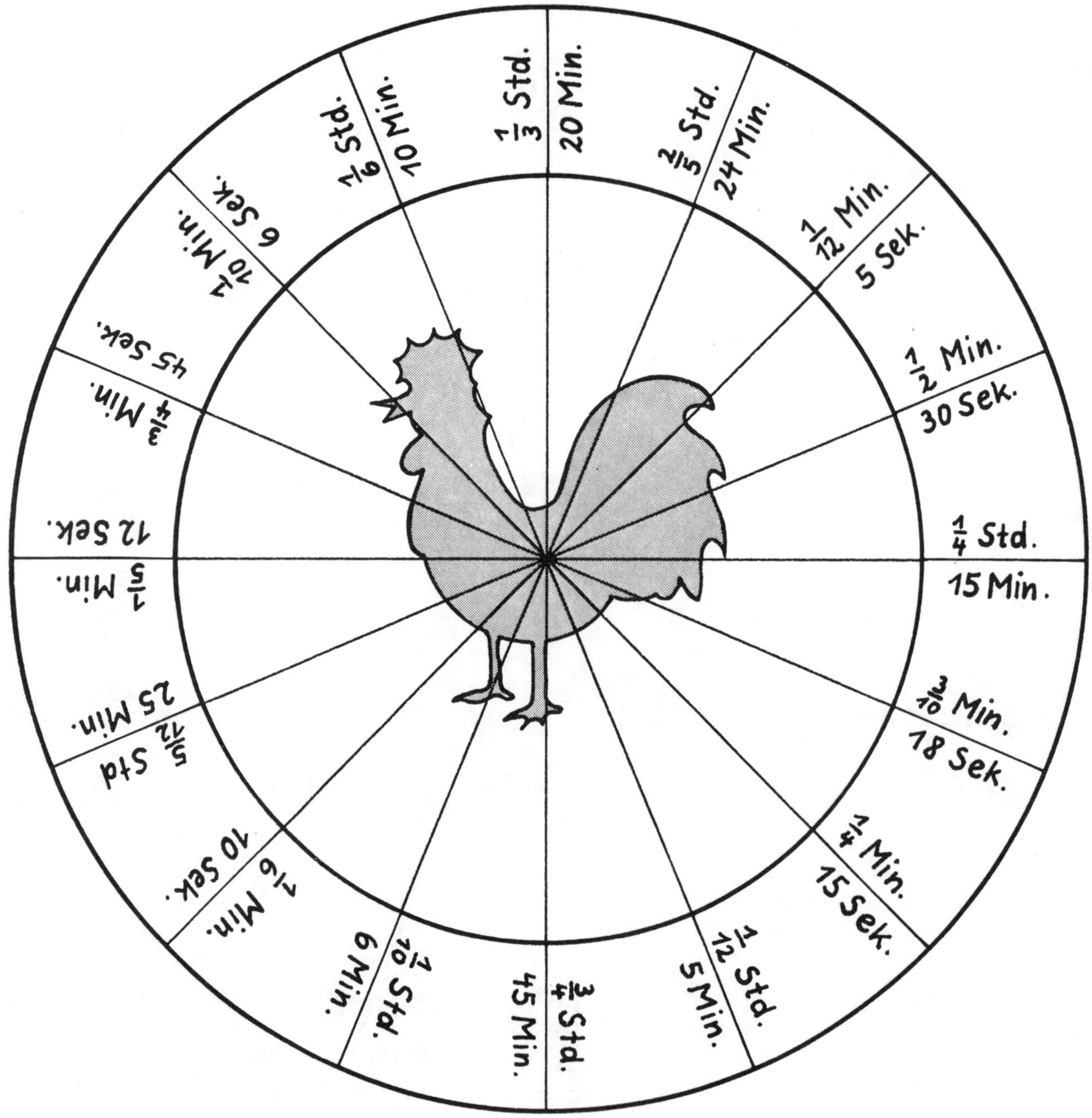

1/3 Std.
20 Min.
2/5 Std.
24 Min.
1/12 Min.
5 Sek.
1/2 Min.
30 Sek.
1/4 Std.
15 Min.
3/10 Min.
18 Sek.
1/4 Min.
15 Sek.
1/12 Std.
5 Min.
3/4 Std.
45 Min.
1/10 Std.
6 Min.
1/6 Min.
10 Sek.
5/12 Std
25 Min.
1/5 Min.
12 Sek.
3/4 Min.
45 Sek.
1/10 Min.
6 Sek.
1/6 Std.
10 Min.

Schneide entlang der durchgezogenen Linien aus!
Ordne die Teile dann so, daß jede Bruchdarstellung durch Kreise neben der entsprechenden durch Rechtecke liegt! Die Buchstaben ergeben einen Lösungssatz.

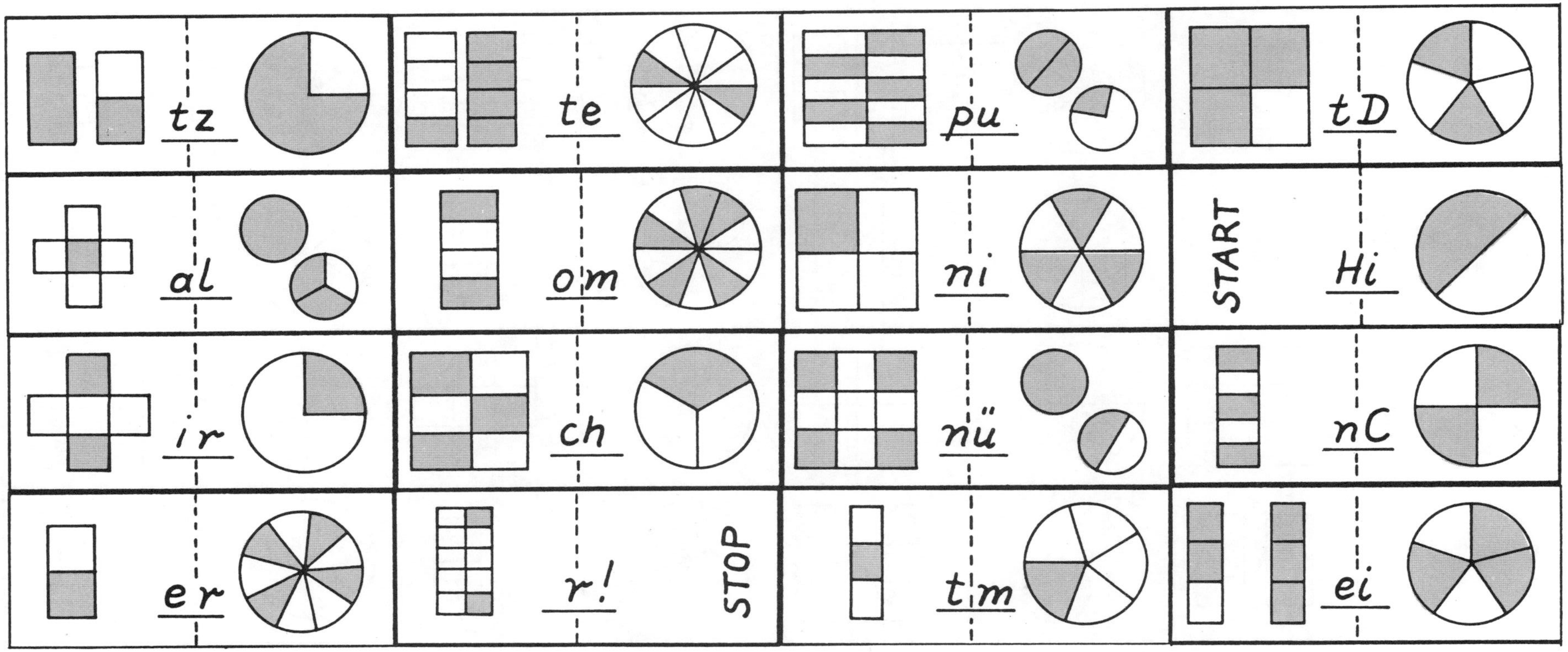

Lösungen:

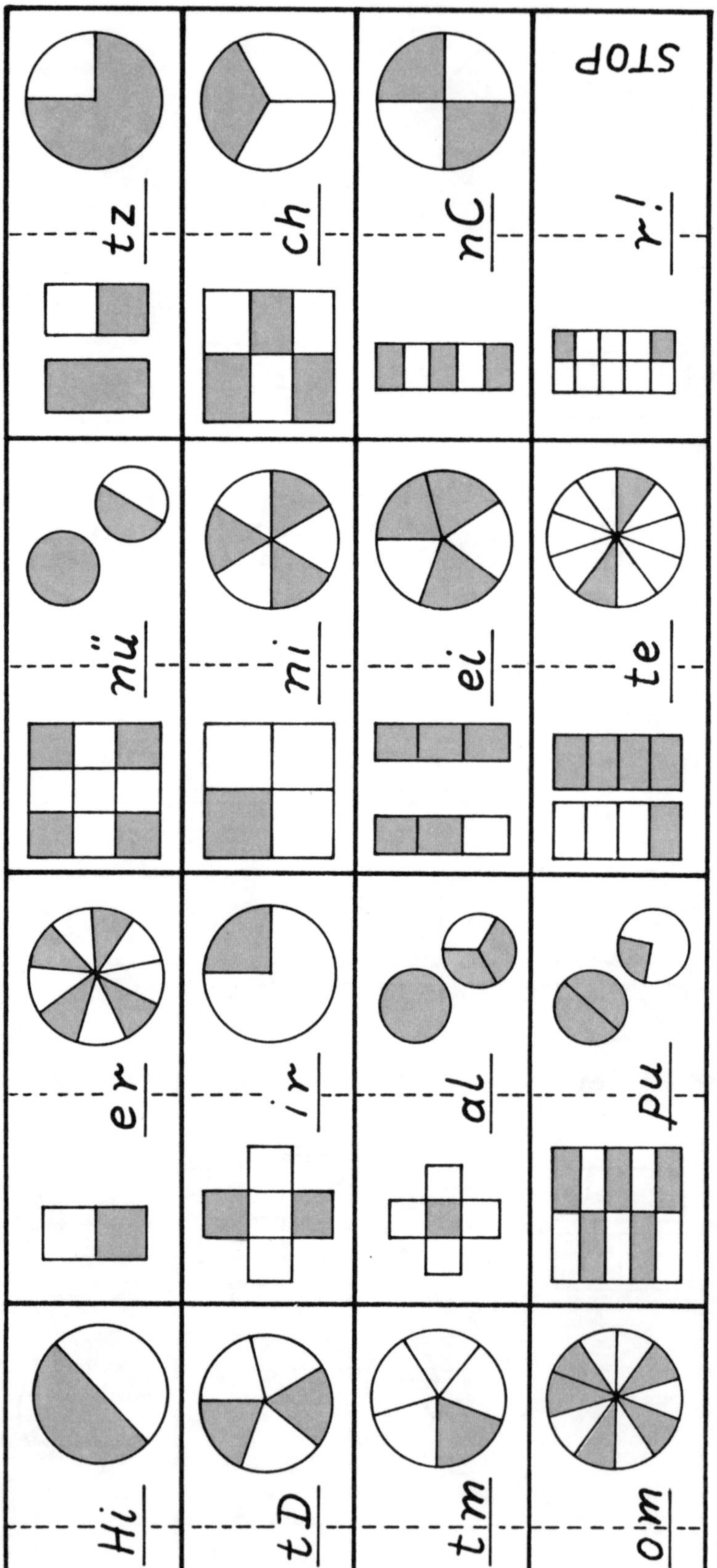

Lösungssatz: Hier nützt dir nicht mal ein Computer!

Schlüssel:

0,2 km	=	km	
5,005 dm	=	m	
0,25 km	=	km	
0,5 dm	=	dm	
37,5 cm	=	m	
50,05 cm	=	m	
0,375 m	=	m	
5,5 dm	=	m	
0,20 km	=	km	
0,10 m	=	m	
3,75 dm	=	m	
0,001 km	=	m	
0,10 km	=	m	
7,5 dm	=	m	
0,200 km	=	km	
500,5 mm	=	m	
0,9 m	=	m	
0,50 m	=	m	
0,5005 m	=	m	

$\frac{1}{10}$ dm	A
$\frac{1}{2}$ dm	H
$\frac{1}{10}$ m	I
$\frac{1}{4}$ m	K
$\frac{3}{8}$ m	N
$\frac{1}{2}$ m	D
$\frac{5005}{10000}$ m	E
$\frac{505}{1000}$ m	L
$\frac{5055}{10000}$ m	O
$\frac{55}{100}$ m	B
$\frac{14}{20}$ m	M
$\frac{7}{10}$ m	X
$\frac{36}{50}$ m	Q
$\frac{3}{4}$ m	F
$7\frac{6}{10}$ dm	Y
$\frac{4}{5}$ m	V
$\frac{9}{10}$ m	U
$\frac{99}{100}$ m	S
1 m	G
10 m	W
100 m	T
$\frac{1}{5}$ km	R
$\frac{22}{100}$ km	P
$\frac{1}{4}$ km	C
$\frac{1}{2}$ km	Z

Wandle um in eine Bruchzahl!

Lösungen:

0,2 km	$= \frac{1}{5}$ km	R
5,005 dm	$= \frac{5005}{10000}$ m	E
0,25 km	$= \frac{1}{4}$ km	C
0,5 dm	$= \frac{1}{2}$ dm	H
37,5 cm	$= \frac{3}{8}$ m	N
50,05 cm	$= \frac{5005}{10000}$ m	E
0,375 m	$= \frac{3}{8}$ m	N
5,5 dm	$= \frac{55}{100}$ m	B
0,20 km	$= \frac{1}{5}$ km	R
0,10 m	$= \frac{1}{10}$ m	I
3,75 dm	$= \frac{3}{8}$ m	N
0,001 km	= 1 m	G
0,10 km	= 100 m	T
7,5 dm	$= \frac{3}{4}$ m	F
0,200 km	$= \frac{1}{5}$ km	R
500,5 km	$= \frac{5005}{10000}$ m	E
0,9 m	$= \frac{9}{10}$ m	U
0,50 m	$= \frac{1}{2}$ m	D
0,5005 m	$= \frac{5005}{10000}$ m	E

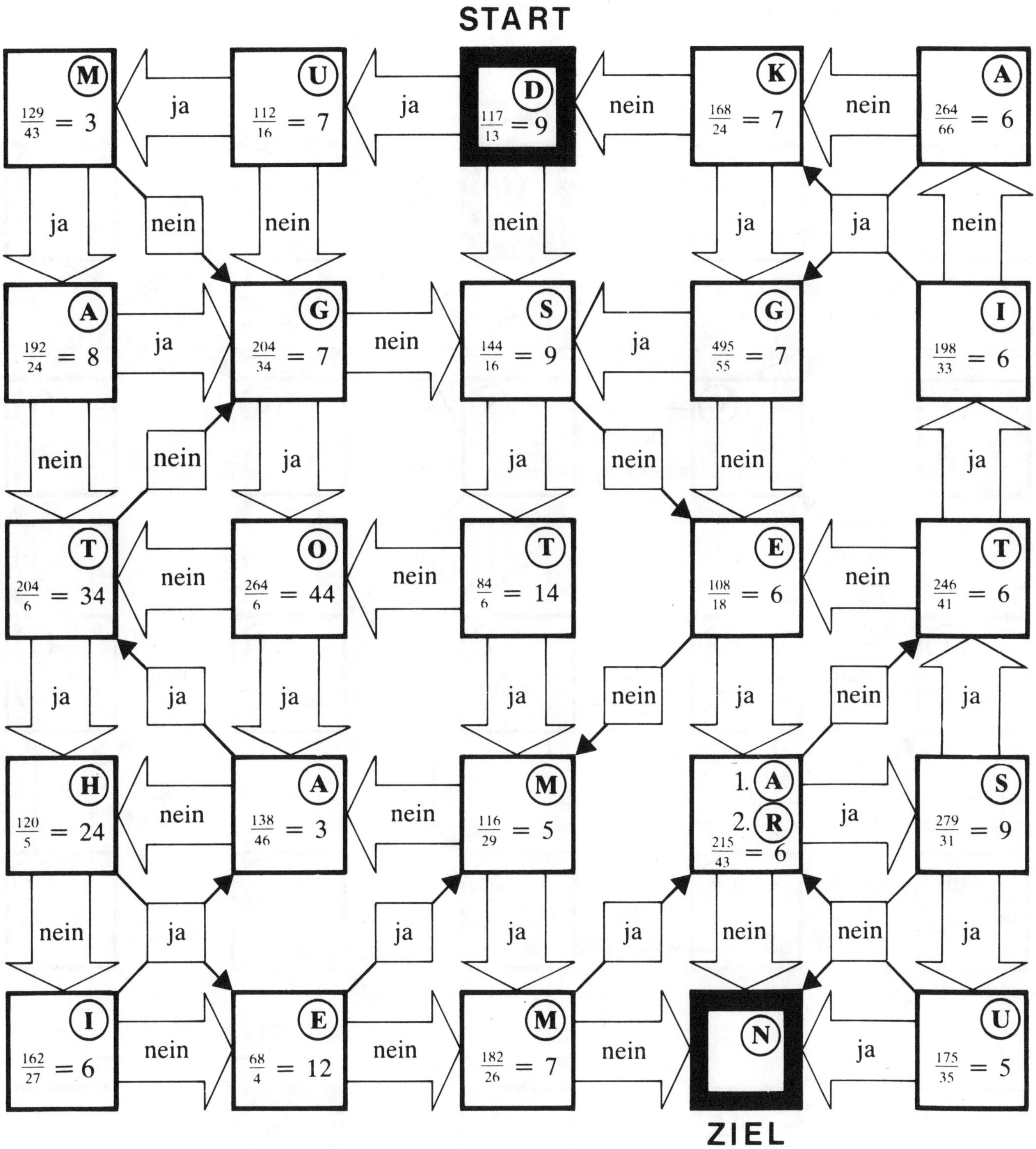

Vorsicht! An 1 Stelle mußt du besonders gut aufpassen!

Lösungen:

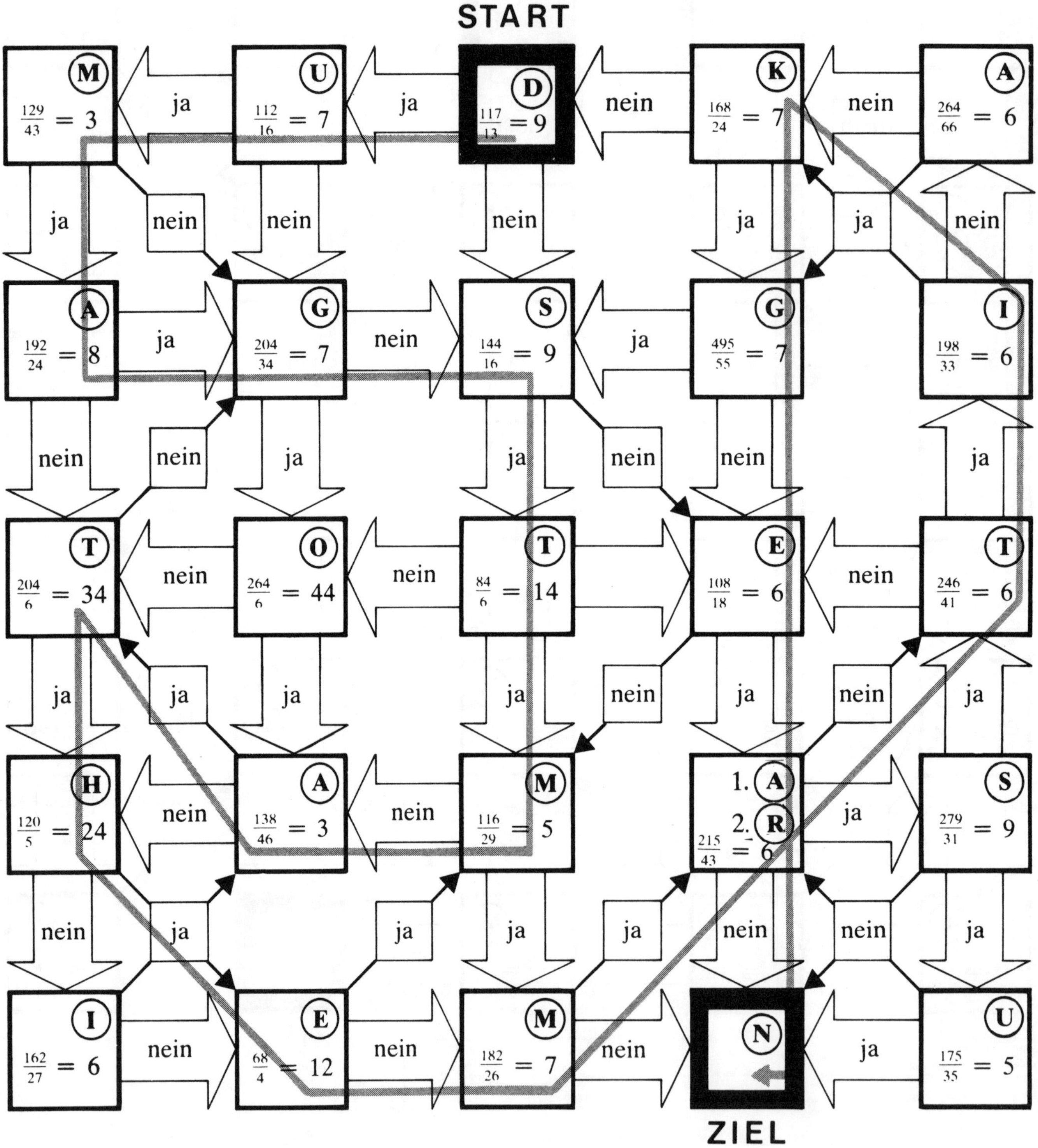

D	U

M	A	G	S	T

M	A	T	H	E	M	A	T	I	K

G	E	R	N

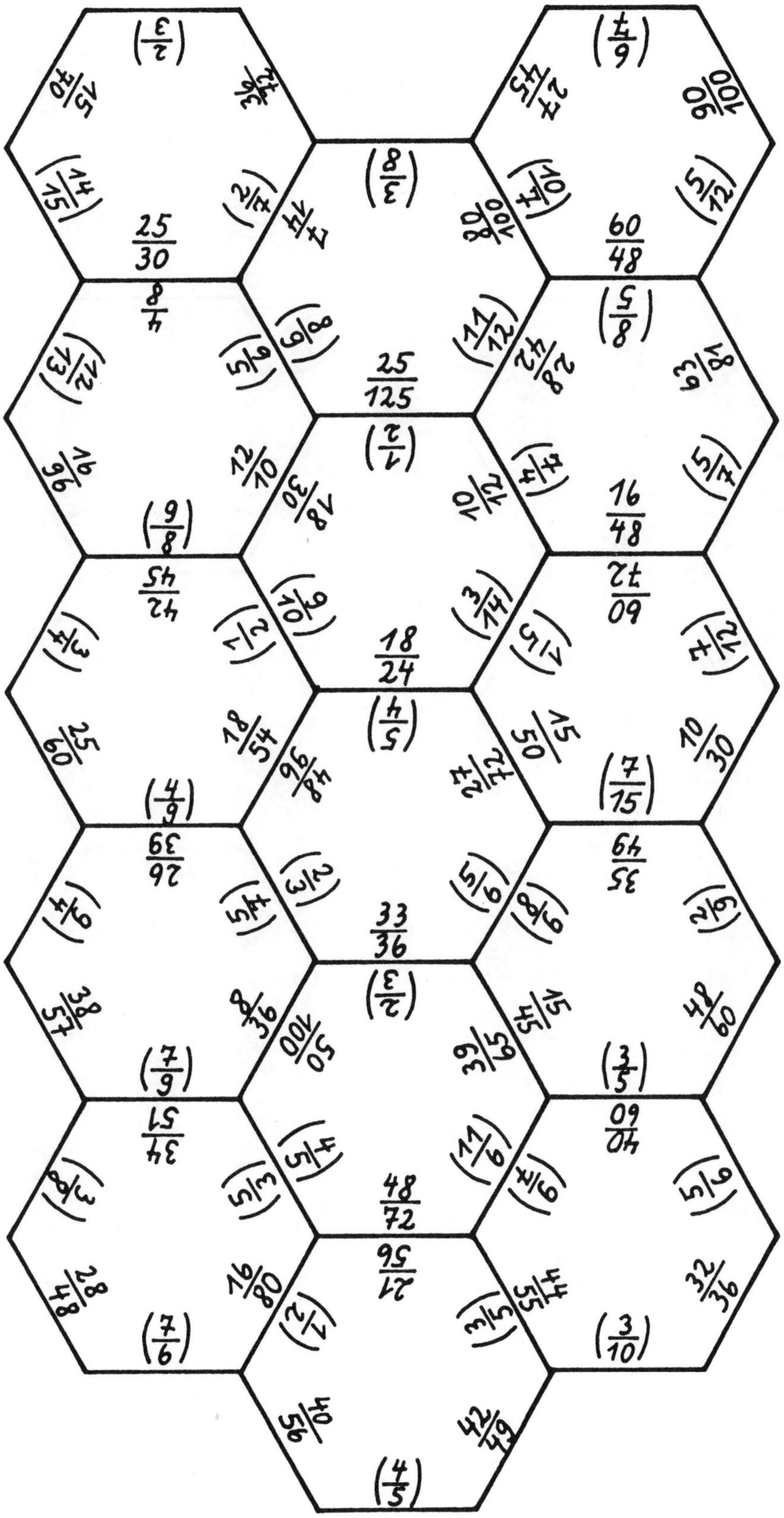

Kürze!

Ein Bruch in Klammern und ein Bruch **ohne** Klammern haben denselben Wert.

Lösungen:

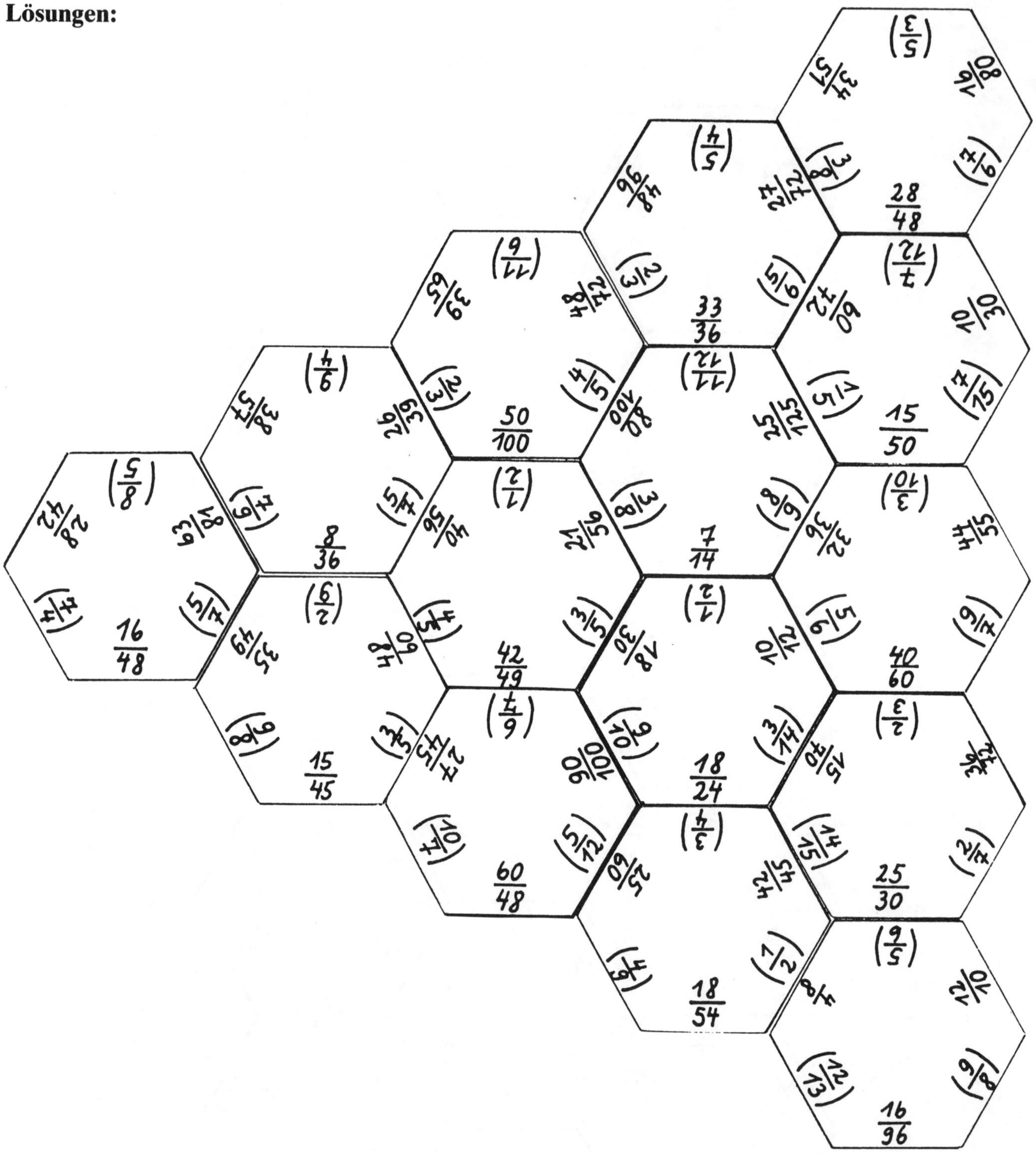

Ordne richtig zu: Bruch – gemischte Zahl!

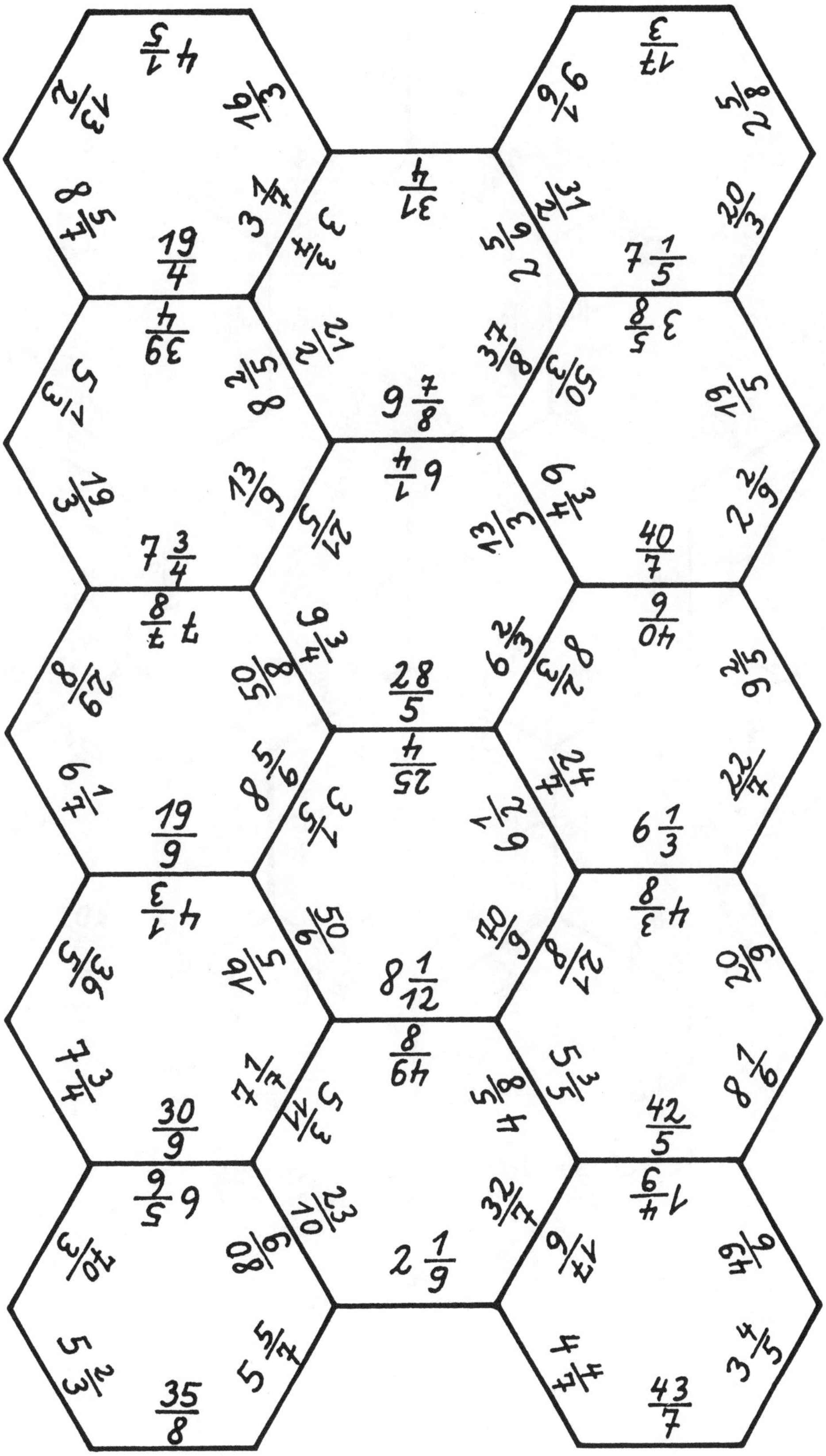

Lösungen:

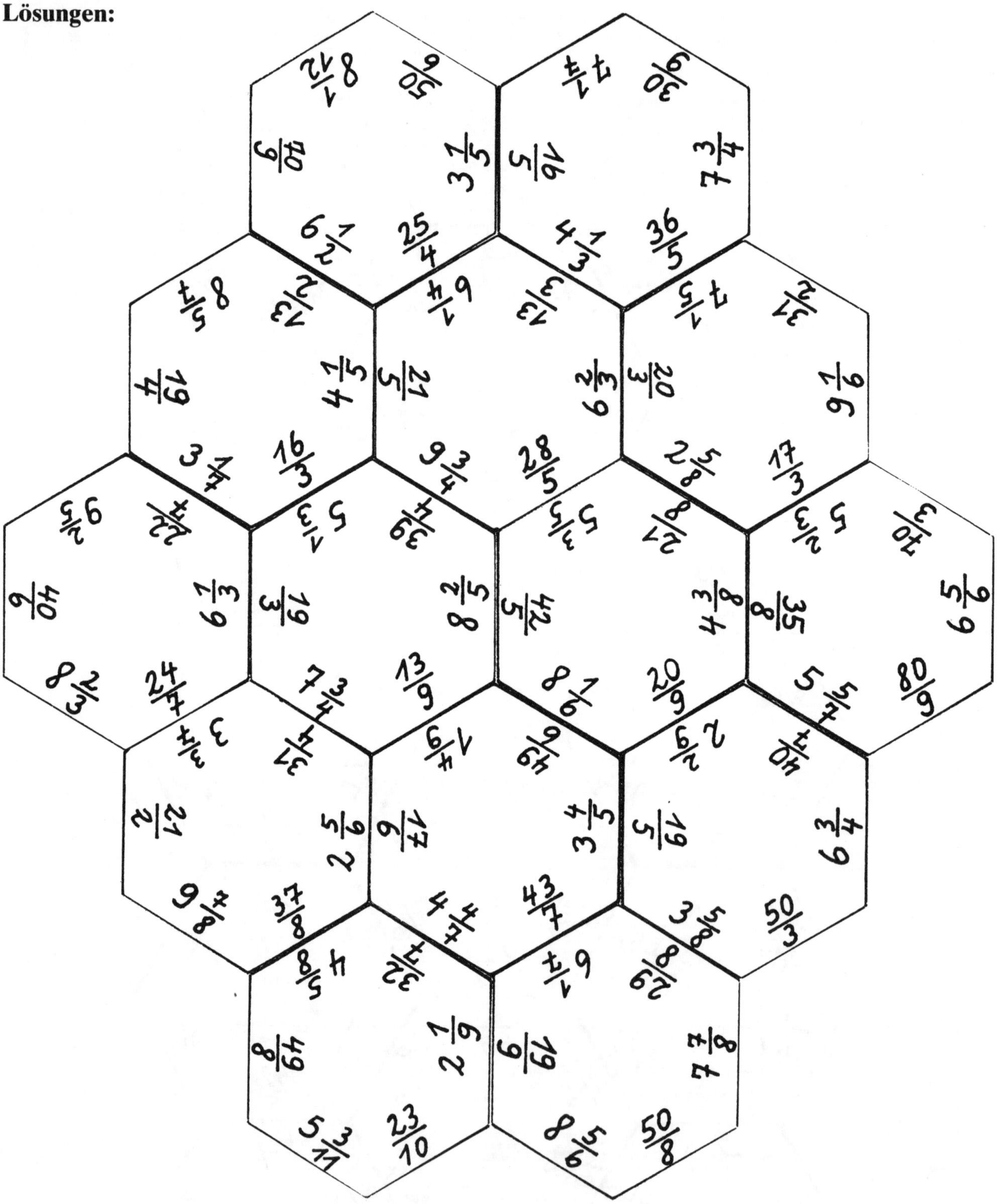

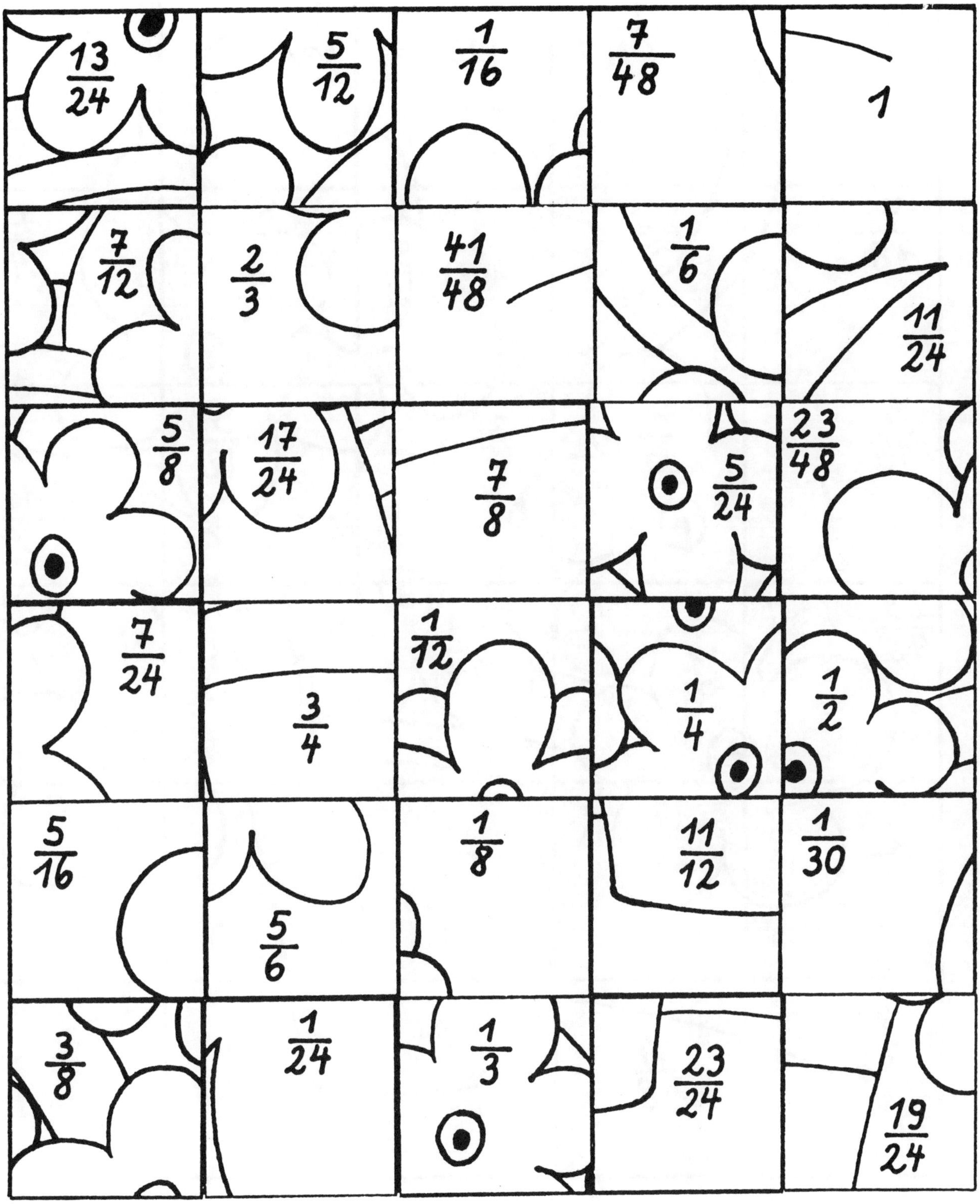

Schneide die Puzzleteile aus, ordne sie dem Bruchwert nach und klebe sie nebeneinander auf, immer 5 in eine Reihe!
Beginne mit dem kleinsten Wert oben links!

Aus: Krampe/Mittelmann: Rechenspiele für die Klasse 6, Verlag Ludwig Auer, Donauwörth

Lösungen:

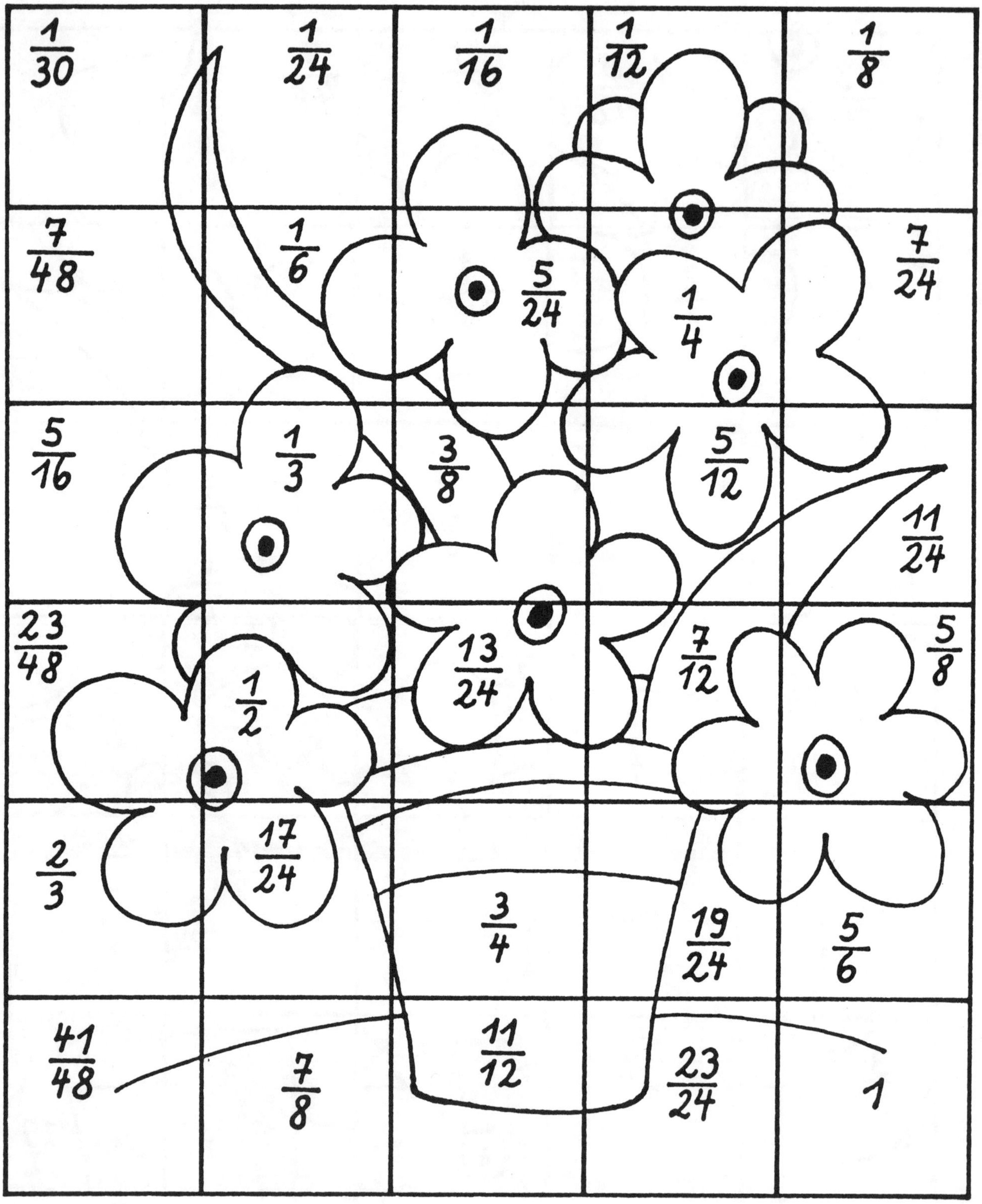
1/30
1/24
1/16
1/12
1/8
7/48
1/6
5/24
1/4
7/24
5/16
1/3
3/8
5/12
11/24
23/48
1/2
13/24
7/12
5/8
2/3
17/24
3/4
19/24
5/6
41/48
7/8
11/12
23/24
1

$\frac{1}{2} + \frac{3}{4}$	$\frac{5}{6} - \frac{3}{4}$	$\frac{5}{6} + \frac{1}{4}$	$\frac{5}{7} - \frac{8}{21}$	$\frac{17}{18} - \frac{5}{12}$
$\frac{4}{9} + \frac{7}{12}$	$\frac{9}{7} - \frac{1}{5}$	$\frac{3}{4} + \frac{7}{10}$	$\frac{4}{3} - \frac{5}{6}$	$\frac{1}{4} + \frac{1}{3}$
$\frac{2}{3} + \frac{1}{9}$	$\frac{7}{8} - \frac{3}{10}$	$\frac{2}{3} - \frac{3}{8}$	$\frac{5}{6} + \frac{5}{4}$	$\frac{5}{24} - \frac{1}{18}$
$\frac{2}{5} + \frac{3}{4}$	$\frac{11}{15} - \frac{3}{10}$	$\frac{4}{7} + \frac{3}{5}$	$\frac{3}{4} - \frac{1}{3}$	$\frac{9}{10} - \frac{3}{4}$
$\frac{5}{7} - \frac{3}{5}$	$\frac{6}{7} - \frac{8}{21}$	$\frac{3}{8} + \frac{4}{9}$	$\frac{7}{8} - \frac{5}{18}$	$\frac{1}{4} + \frac{1}{5}$

Lösungen:

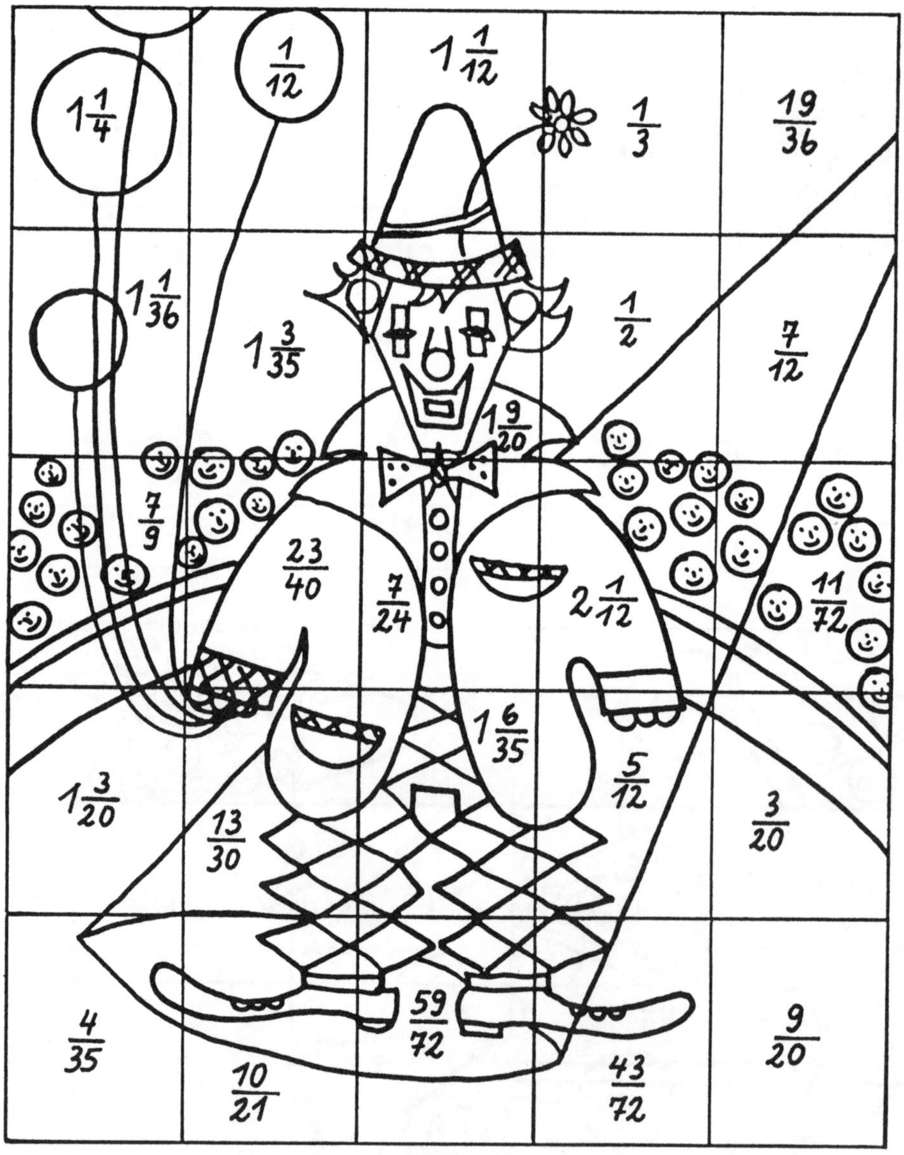

1 1/4
1/12
1 1/12
1/3
19/36
1 1/36
1 3/35
1 9/20
1/2
7/12
7/9
23/40
7/24
2 1/12
11/72
1 6/35
1 3/20
13/30
5/12
3/20
4/35
10/21
59/72
43/72
9/20

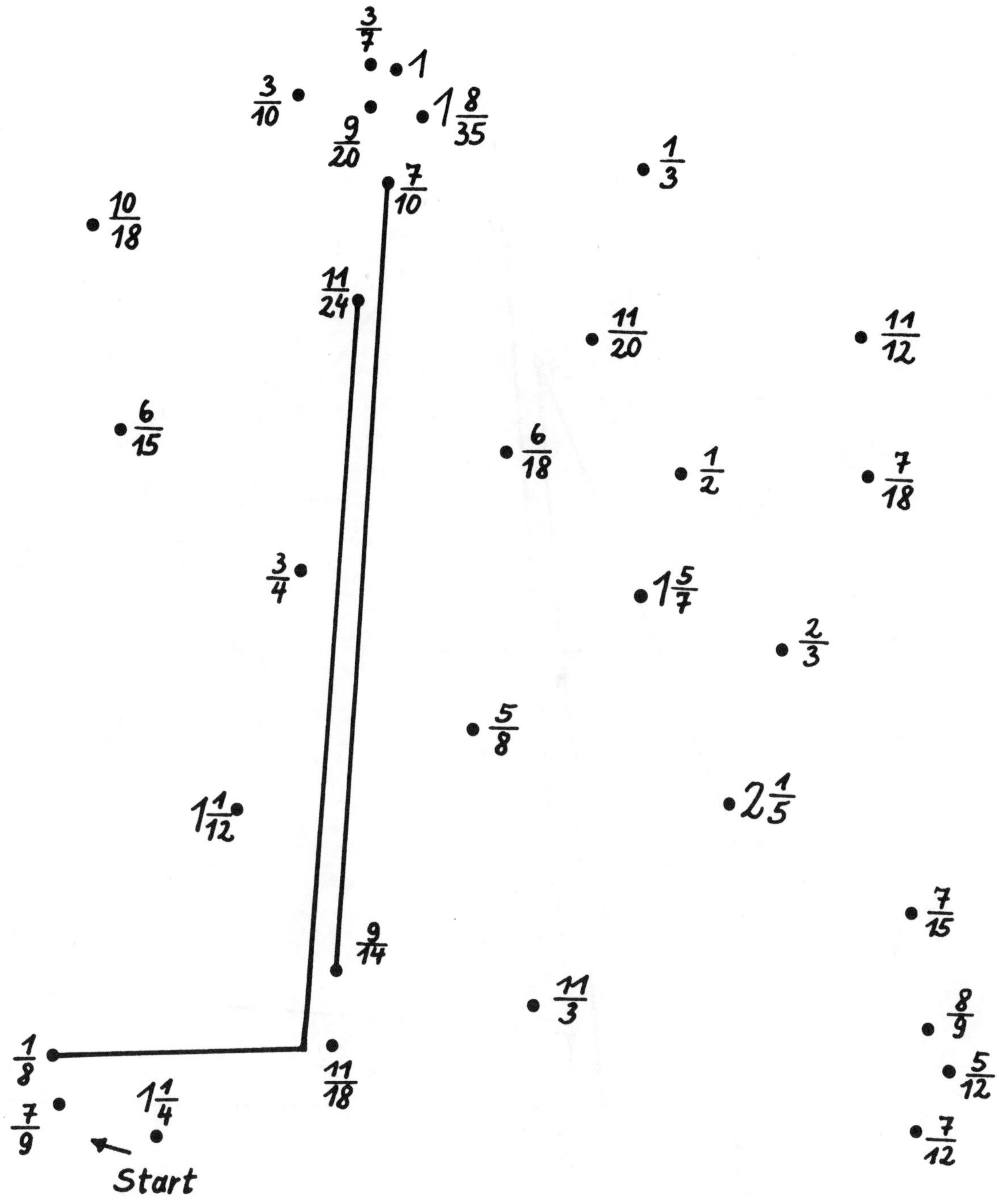

Kürze so weit wie möglich!

$\frac{5}{6} + \frac{5}{12} =$ ______	$\frac{4}{5} - \frac{1}{2} =$ ______	$\frac{3}{10} + \frac{1}{4} =$ ______	$\frac{5}{6} - \frac{2}{9} =$ ______
$\frac{4}{9} + \frac{2}{6} =$ ______	$\frac{24}{28} - \frac{3}{7} =$ ______	$\frac{7}{8} - \frac{3}{8} =$ ______	$\frac{5}{9} + \frac{1}{3} =$ ______
$\frac{1}{2} - \frac{3}{8} =$ ______	$\frac{5}{6} + \frac{2}{12} =$ ______	$\frac{7}{18} + \frac{5}{18} =$ ______	$\frac{2}{3} - \frac{1}{4} =$ ______
$\frac{7}{8} - \frac{5}{12} =$ ______	$\frac{1}{2} + \frac{1}{5} =$ ______	$\frac{4}{5} - \frac{1}{3} =$ ______	$\frac{3}{4} - \frac{1}{6} =$ ______
$\frac{7}{10} - \frac{1}{4} =$ ______	$\frac{3}{7} + \frac{4}{5} =$ ______	$\frac{13}{14} - \frac{2}{7} =$ ______	$\frac{3}{4} + \frac{1}{2} =$ ______

Aus: Krampe/Mittelmann: Rechenspiele für die Klasse 6, Verlag Ludwig Auer, Donauwörth
Als Kopiervorlage freigegeben

Lösungen:

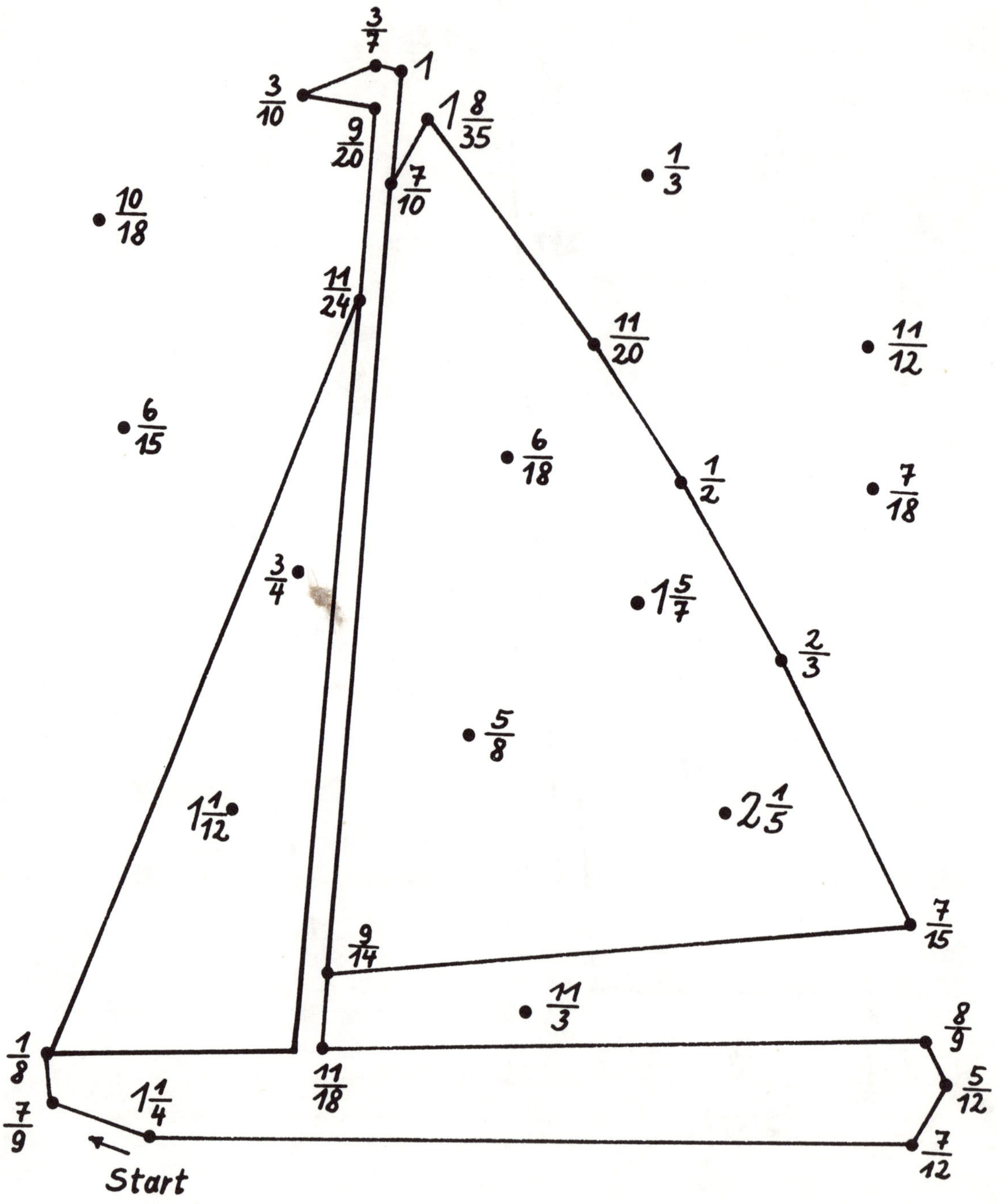

3/7
1
3/10
1 8/35
9/20
1/3
7/10
10/18
11/24
11/20
11/12
6/15
6/18
1/2
7/18
3/4
1 5/7
2/3
5/8
1 1/12
2 1/5
7/15
9/14
11/3
8/9
1/8
11/18
5/12
1 1/4
7/9
7/12
Start

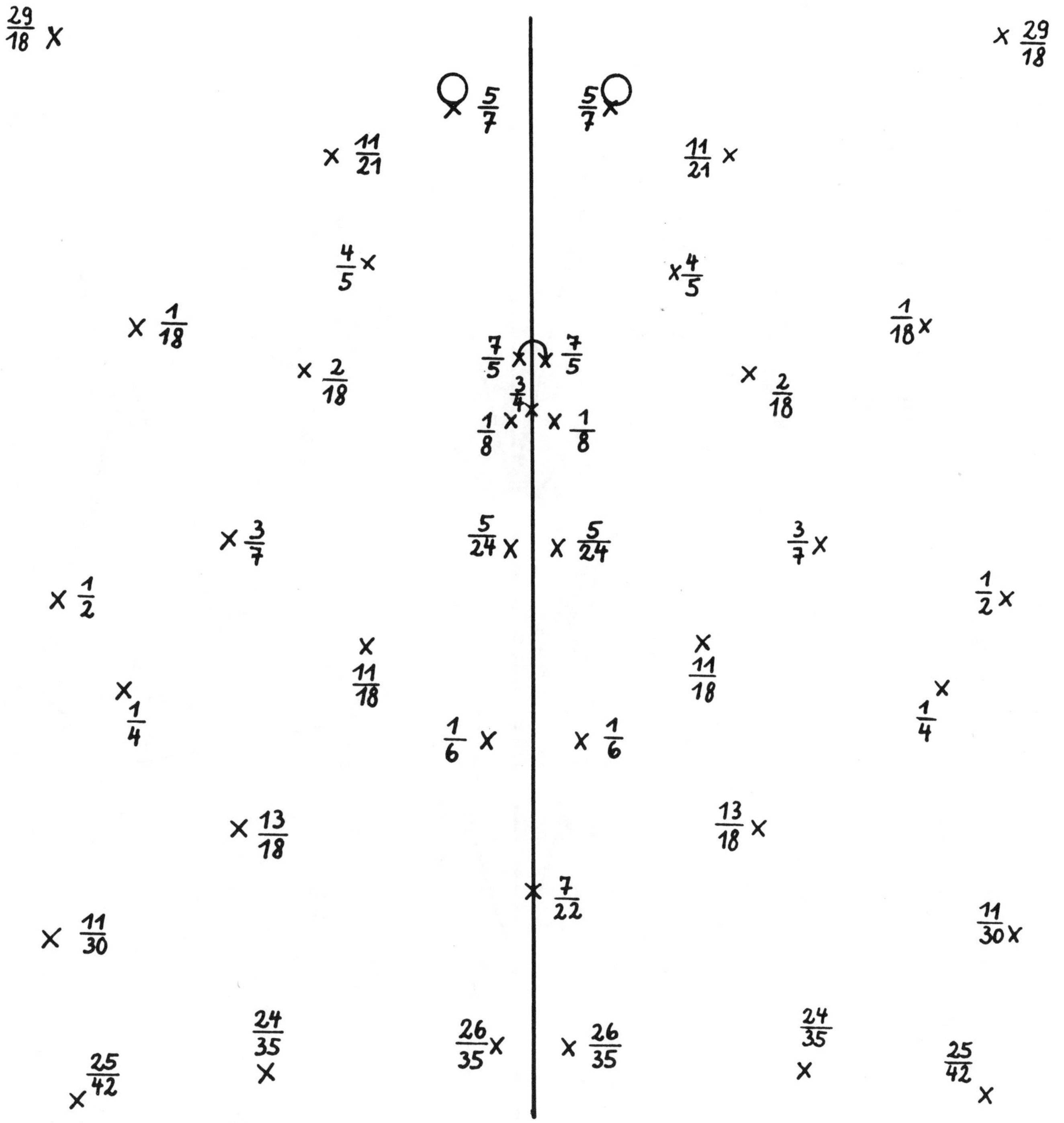

Rechne aus, kürze und verbinde die Ergebnisse. Arbeite symmetrisch auf beiden Seiten der Spiegelachse!

$\frac{8}{7} - \frac{3}{7} =$ ______	$\frac{5}{6} - \frac{7}{9} =$ ______	$\frac{1}{11} + \frac{5}{22} =$ ______
$\frac{3}{5} + \frac{4}{5} =$ ______	$\frac{1}{3} + \frac{1}{6} =$ ______	$\frac{5}{18} - \frac{1}{9} =$ ______
$\frac{1}{4} + \frac{1}{2} =$ ______	$\frac{15}{16} - \frac{11}{16} =$ ______	$\frac{2}{7} + \frac{2}{5} =$ ______
$\frac{7}{8} - \frac{3}{4} =$ ______	$\frac{1}{2} + \frac{1}{9} =$ ______	$\frac{5}{21} + \frac{5}{14} =$ ______
$\frac{5}{7} - \frac{4}{21} =$ ______	$\frac{3}{8} - \frac{1}{6} =$ ______	$\frac{5}{6} - \frac{7}{15} =$ ______
$\frac{7}{9} + \frac{5}{6} =$ ______	$\frac{5}{6} - \frac{2}{3} =$ ______	$\frac{2}{3} - \frac{5}{12} =$ ______

Lösungen:

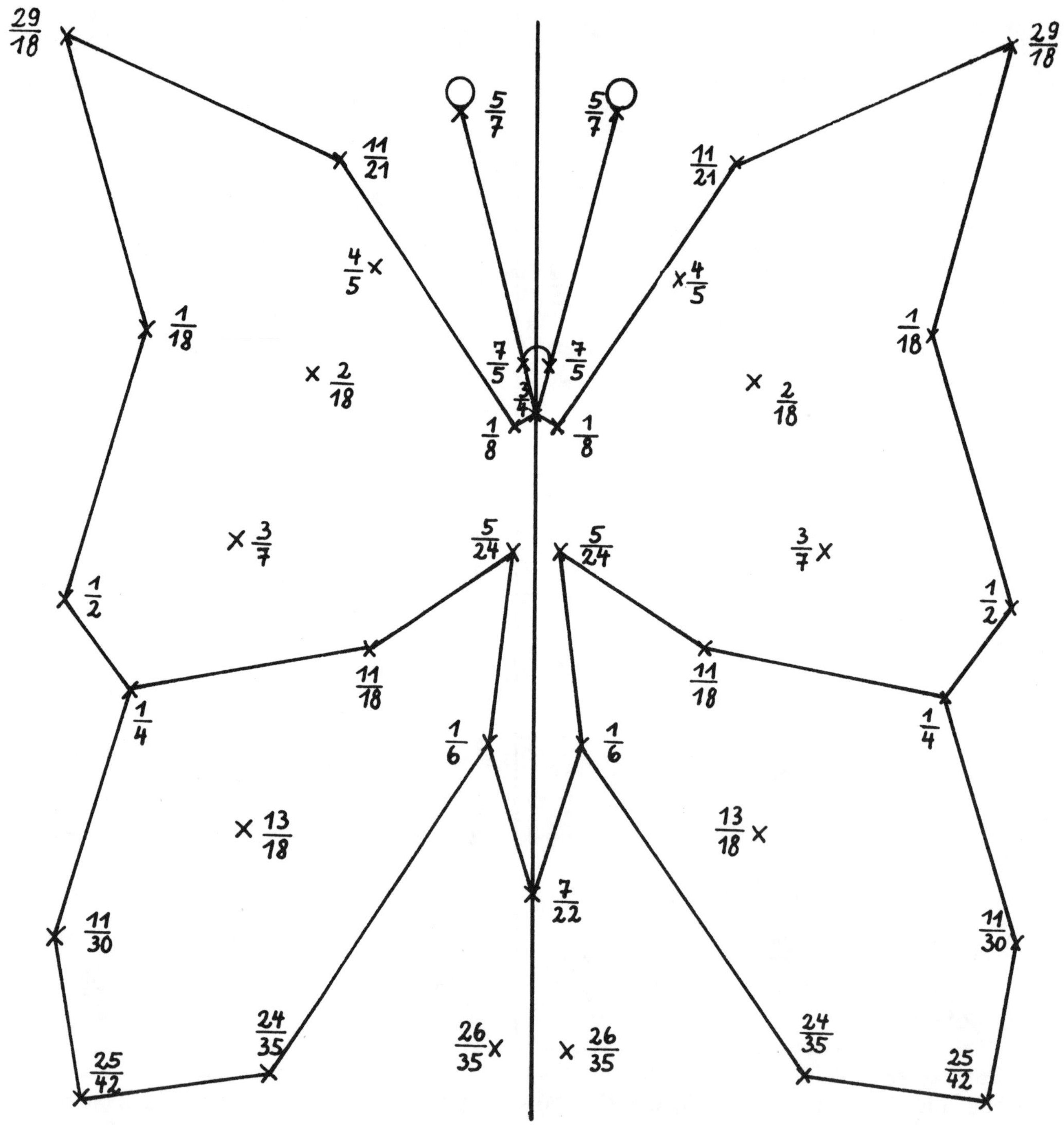

$\frac{8}{7} - \frac{3}{7} = \frac{5}{7}$	$\frac{5}{6} - \frac{7}{9} = \frac{1}{18}$	$\frac{1}{11} + \frac{5}{22} = \frac{7}{22}$
$\frac{3}{5} + \frac{4}{5} = \frac{7}{5}$	$\frac{1}{3} + \frac{1}{6} = \frac{1}{2}$	$\frac{5}{18} - \frac{1}{9} = \frac{1}{6}$
$\frac{1}{4} + \frac{1}{2} = \frac{3}{4}$	$\frac{15}{16} - \frac{11}{16} = \frac{1}{4}$	$\frac{2}{7} + \frac{2}{5} = \frac{24}{35}$
$\frac{7}{8} - \frac{3}{4} = \frac{1}{8}$	$\frac{1}{2} + \frac{1}{9} = \frac{11}{18}$	$\frac{5}{21} + \frac{5}{14} = \frac{25}{42}$
$\frac{5}{7} - \frac{4}{21} = \frac{11}{21}$	$\frac{3}{8} - \frac{1}{6} = \frac{5}{24}$	$\frac{5}{6} - \frac{7}{15} = \frac{11}{30}$
$\frac{7}{9} + \frac{5}{6} = \frac{29}{18}$	$\frac{5}{6} - \frac{2}{3} = \frac{1}{6}$	$\frac{2}{3} - \frac{5}{12} = \frac{1}{4}$

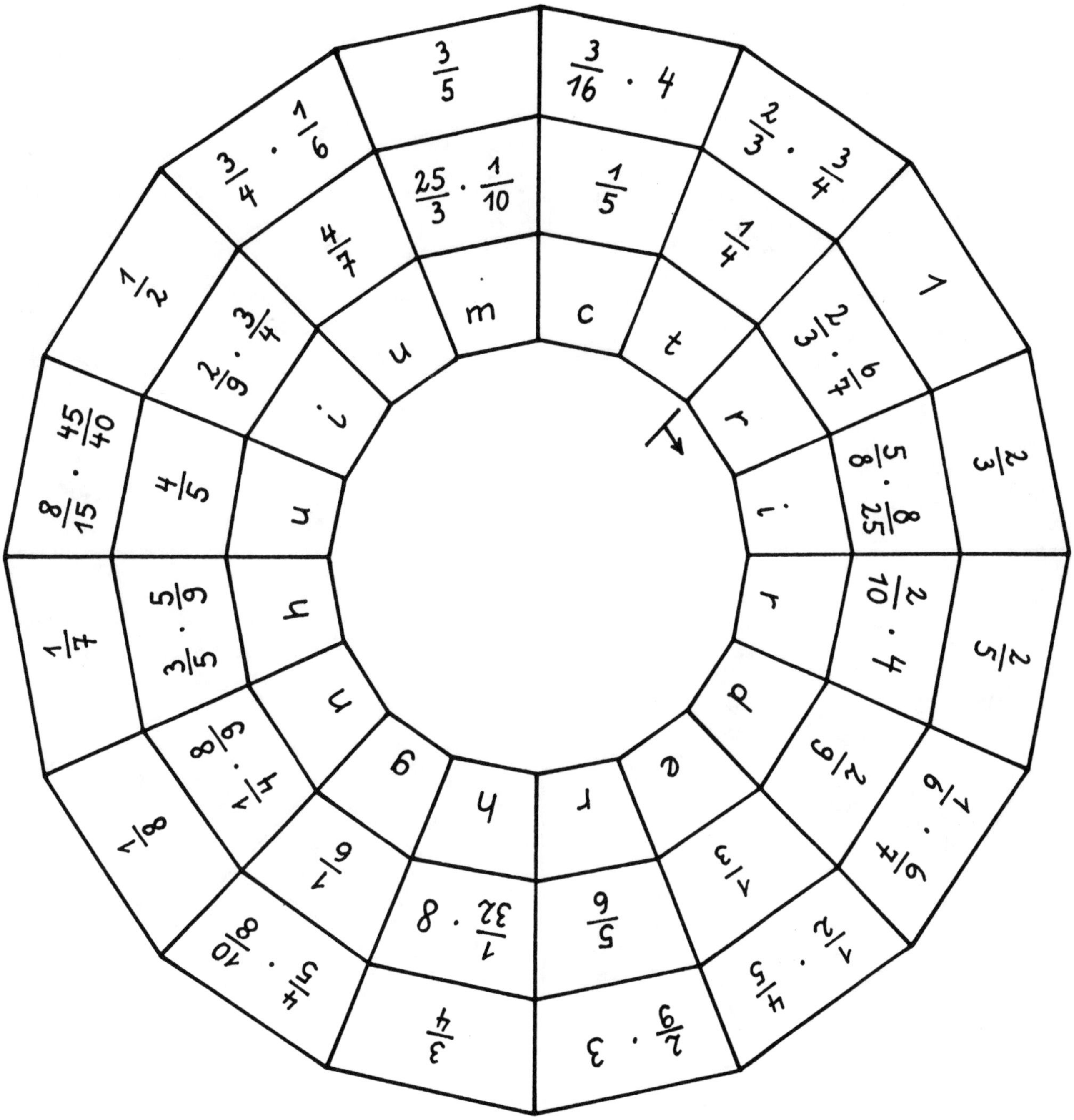
3/5
3/16 · 4
2/3 · 3/4
1
2/3
2/5
7/9 · 6/7
1/2 · 4/5
2/9 · 3
3/4
1/8
1/7
8/15 · 45/40
1/2
3/4 · 1/6
25/3 · 1/10
1/5
1/4
2/3 · 6/7
5/8 · 8/25
2/10 · 4
2/9
1/3
5/6
1/32 · 8
1/9
1/4 · 8/9
3/5 · 5/9
4/5
2/9 · 3/4
4/7
5/4 · 8/10
m
c
t
r
i
r
p
e
r
h
g
n
h
n
i
u

Lösungen:

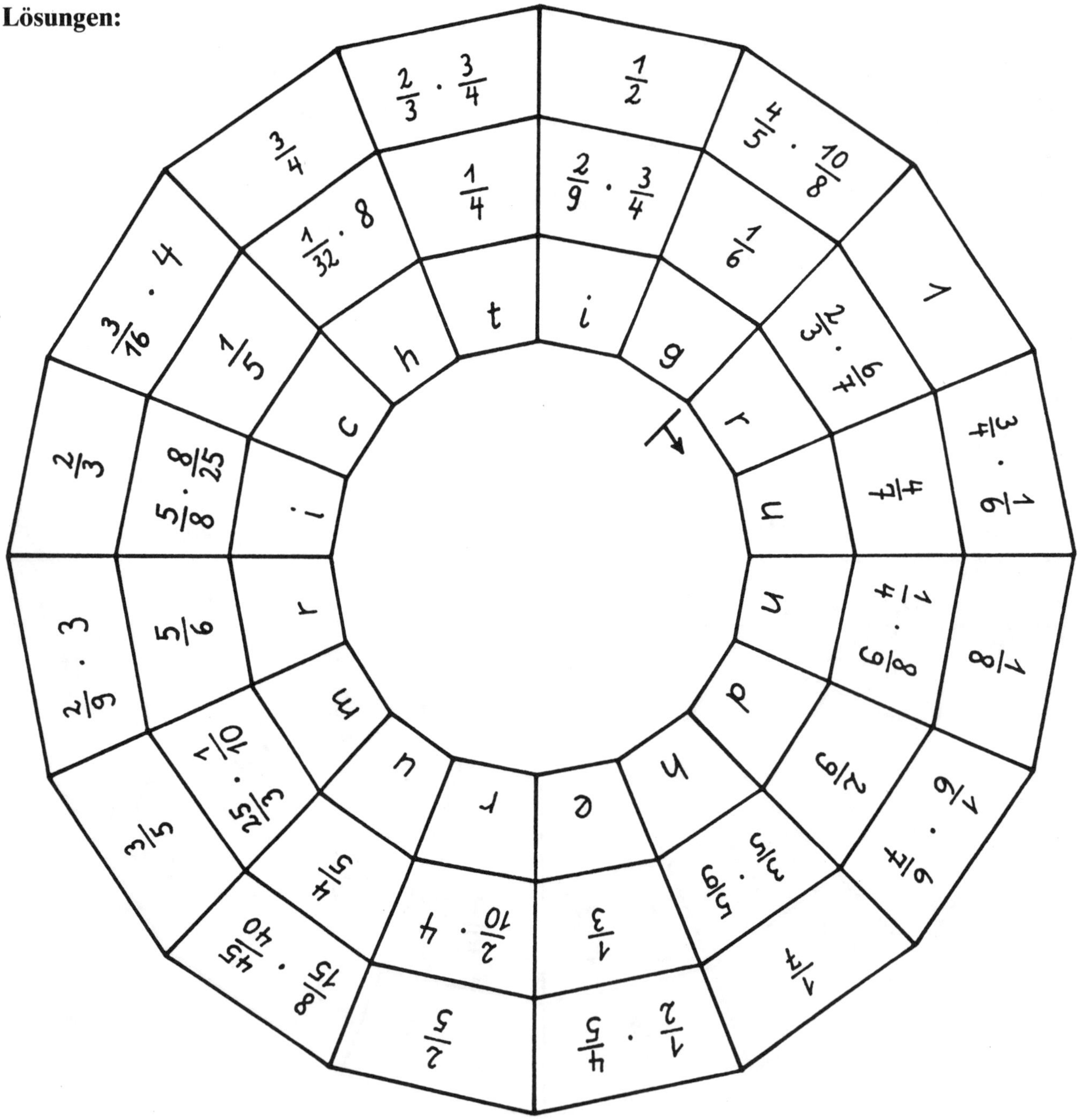

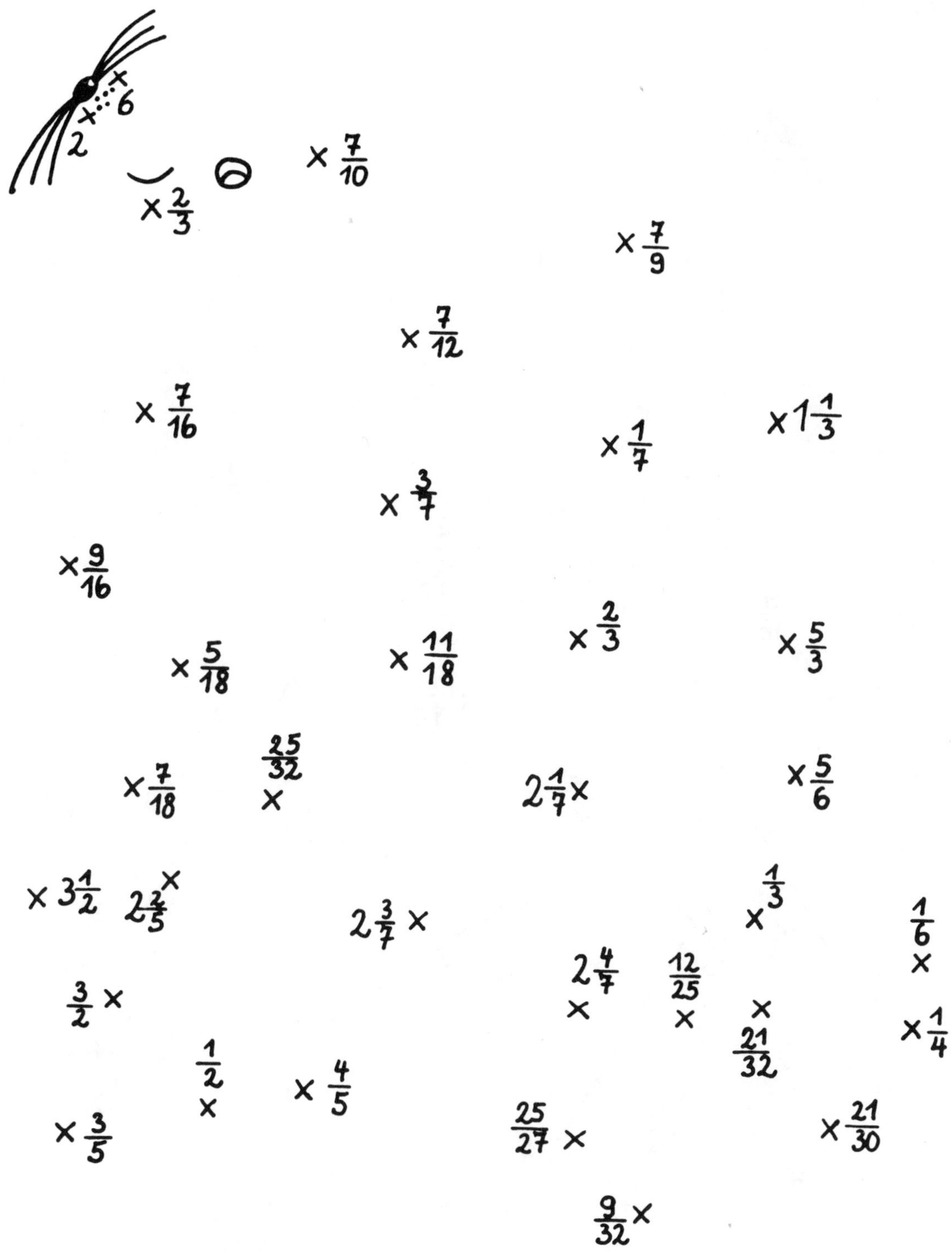

$\frac{2}{5} : \frac{3}{15} =$ ______

$\frac{1}{2} : \frac{3}{4} =$ ______

$\frac{3}{8} : \frac{6}{7} =$ ______

$\frac{2}{9} : \frac{4}{5} =$ ______

$\frac{7}{8} : \frac{1}{4} =$ ______

$\frac{1}{4} : \frac{1}{2} =$ ______

$\frac{2}{3} : \frac{5}{6} =$ ______

$\frac{4}{5} : \frac{1}{3} =$ ______

$\frac{5}{8} : \frac{4}{5} =$ ______

$\frac{3}{7} : \frac{1}{6} =$ ______

$\frac{5}{9} : \frac{3}{5} =$ ______

$\frac{1}{4} : \frac{8}{9} =$ ______

$\frac{2}{5} : \frac{5}{6} =$ ______

$\frac{3}{8} : \frac{4}{7} =$ ______

$\frac{5}{16} : \frac{5}{4} =$ ______

$\frac{3}{21} : \frac{6}{7} =$ ______

$\frac{5}{9} : \frac{5}{3} =$ ______

$\frac{3}{4} : \frac{9}{8} =$ ______

$\frac{2}{5} : \frac{28}{30} =$ ______

$\frac{3}{8} : \frac{15}{28} =$ ______

$\frac{4}{5} : \frac{2}{15} =$ ______

Lösungen:

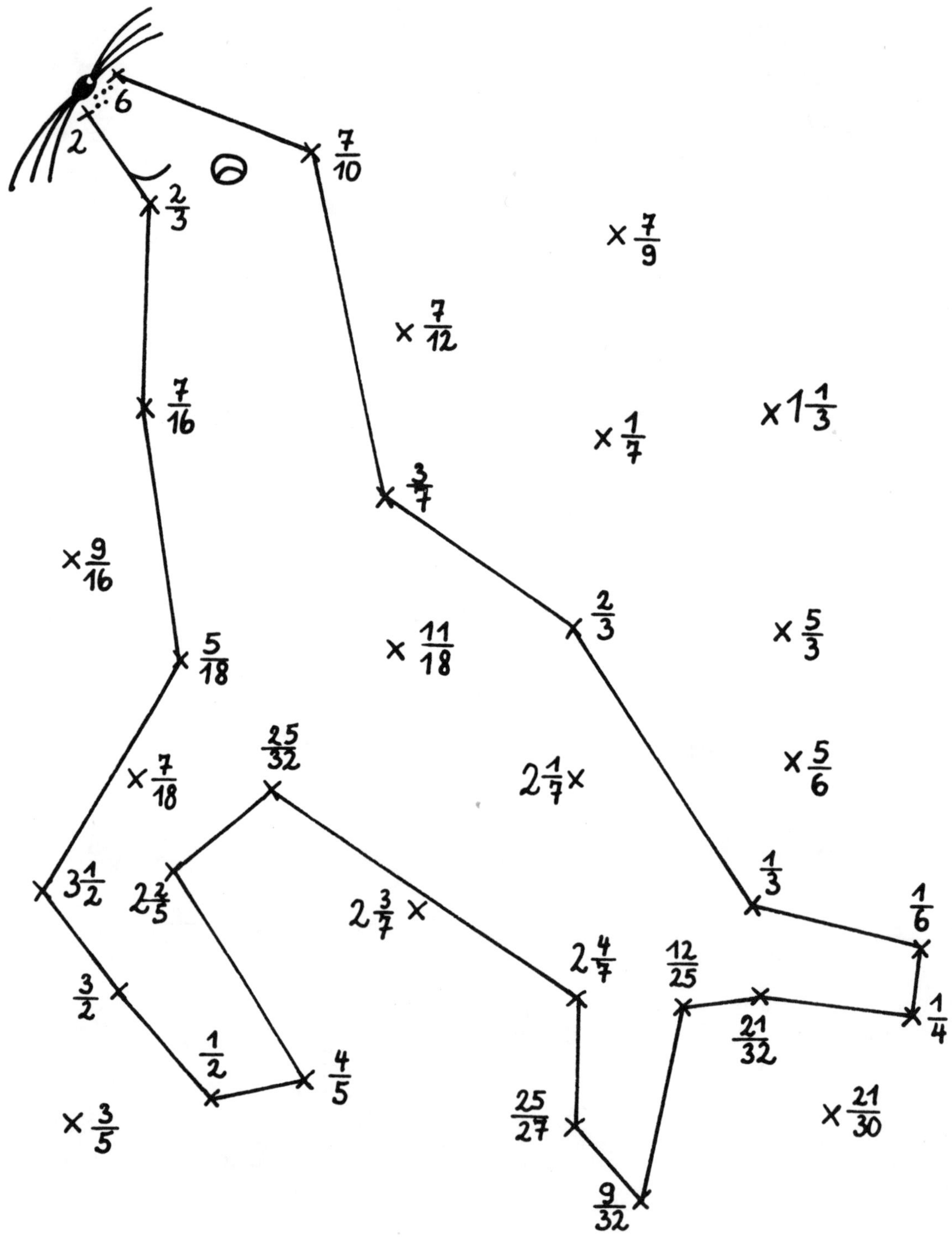

$\frac{2}{5} : \frac{3}{15} = 2$	$\frac{4}{5} : \frac{1}{3} = 2\frac{2}{5}$	$\frac{5}{16} : \frac{5}{4} = \frac{1}{4}$
$\frac{1}{2} : \frac{3}{4} = \frac{2}{3}$	$\frac{5}{8} : \frac{4}{5} = \frac{25}{32}$	$\frac{3}{21} : \frac{6}{7} = \frac{1}{6}$
$\frac{3}{8} : \frac{6}{7} = \frac{7}{16}$	$\frac{3}{7} : \frac{1}{6} = 2\frac{4}{7}$	$\frac{5}{9} : \frac{5}{3} = \frac{1}{3}$
$\frac{2}{9} : \frac{4}{5} = \frac{5}{18}$	$\frac{5}{9} : \frac{3}{5} = \frac{25}{27}$	$\frac{3}{4} : \frac{9}{8} = \frac{2}{3}$
$\frac{7}{8} : \frac{1}{4} = 3\frac{1}{2}$	$\frac{1}{4} : \frac{8}{9} = \frac{9}{32}$	$\frac{2}{5} : \frac{28}{30} = \frac{3}{7}$
$\frac{1}{4} : \frac{1}{2} = \frac{1}{2}$	$\frac{2}{5} : \frac{5}{6} = \frac{12}{25}$	$\frac{3}{8} : \frac{15}{28} = \frac{7}{10}$
$\frac{2}{3} : \frac{5}{6} = \frac{4}{5}$	$\frac{3}{8} : \frac{4}{7} = \frac{21}{32}$	$\frac{4}{5} : \frac{2}{15} = 6$

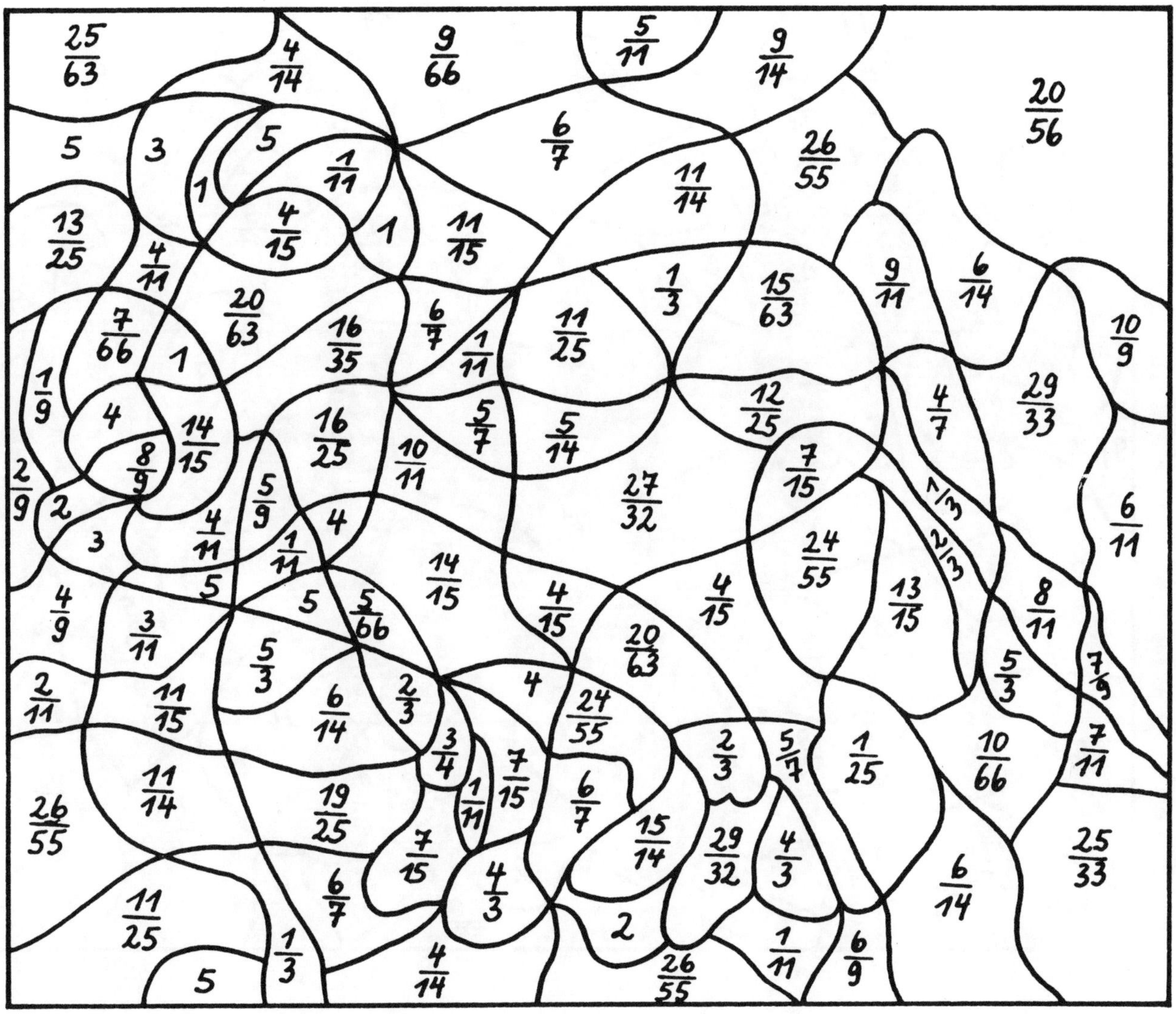

Kürze, wenn möglich!

$\frac{4}{7} \cdot \frac{5}{9} =$ ______	$\frac{3}{8} : \frac{4}{9} =$ ______	$\frac{20}{27} \cdot \frac{9}{25} =$ ______	$\frac{16}{25} : \frac{24}{35} =$ ______
$\frac{3}{5} \cdot \frac{4}{5} =$ ______	$\frac{2}{5} : \frac{11}{12} =$ ______	$\frac{48}{55} \cdot \frac{44}{60} =$ ______	$\frac{45}{36} : \frac{15}{48} =$ ______
$\frac{3}{4} \cdot \frac{8}{9} =$ ______	$\frac{2}{5} : \frac{3}{10} =$ ______	$\frac{56}{65} \cdot \frac{39}{72} =$ ______	$\frac{44}{65} : \frac{77}{52} =$ ______
$\frac{5}{12} \cdot \frac{6}{7} =$ ______	$\frac{5}{8} : \frac{7}{12} =$ ______	$\frac{75}{84} \cdot \frac{36}{45} =$ ______	$\frac{132}{144} : \frac{121}{120} =$ ______
$\frac{15}{16} \cdot \frac{16}{20} =$ ______	$\frac{12}{15} : \frac{9}{10} =$ ______	$\frac{13}{121} \cdot \frac{55}{78} =$ ______	$\frac{175}{196} : \frac{200}{224} =$ ______

Hinweis: Lösungszahlen können im Bild mehrfach vorkommen!

Aus: Krampe/Mittelmann: Rechenspiele für die Klasse 6, Verlag Ludwig Auer, Donauwörth

Lösungen:

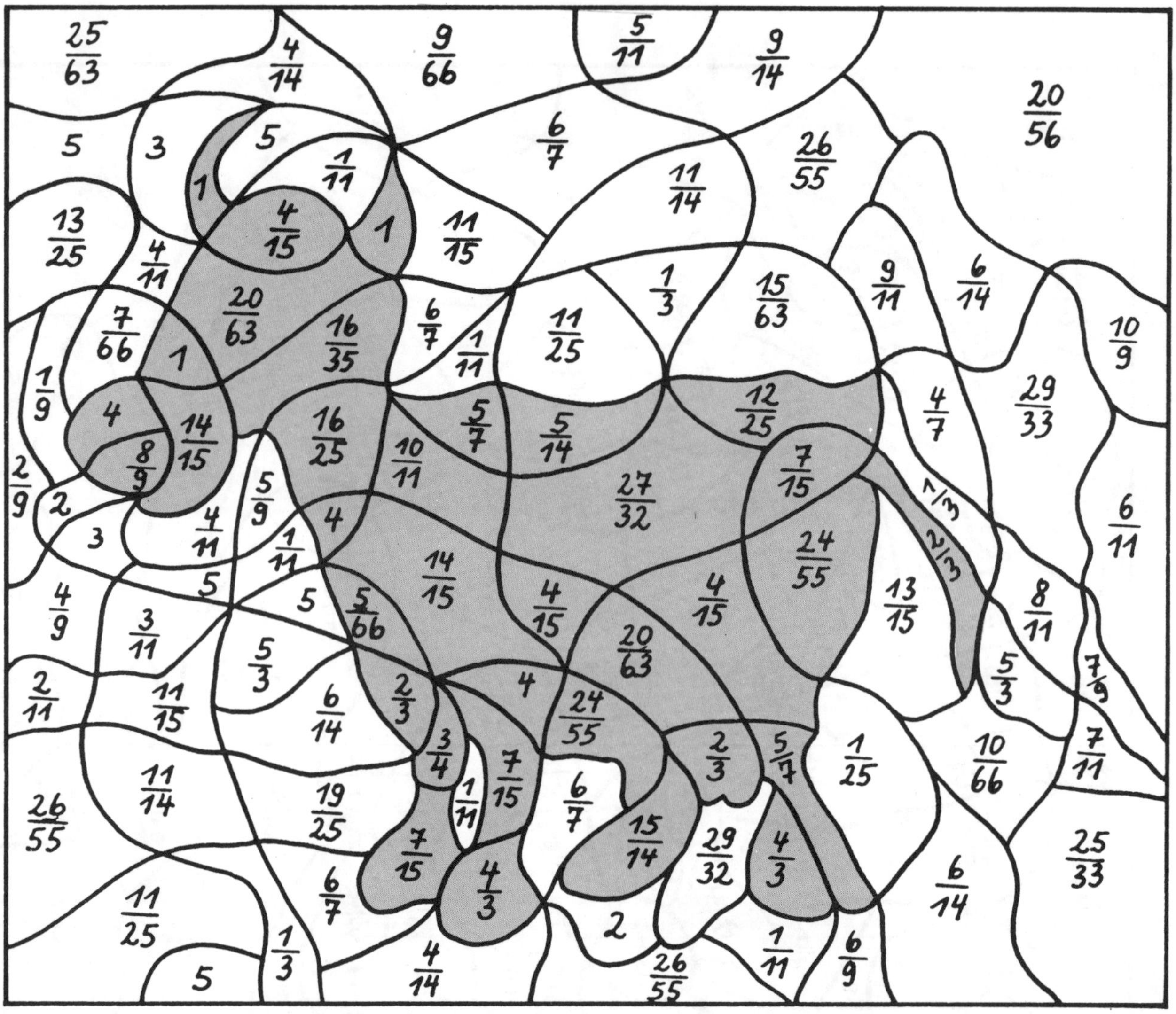

$\frac{4}{7} \cdot \frac{5}{9} = \frac{20}{63}$	$\frac{3}{8} : \frac{4}{9} = \frac{27}{32}$	$\frac{20}{27} \cdot \frac{9}{25} = \frac{4}{15}$	$\frac{16}{25} : \frac{24}{35} = \frac{14}{15}$
$\frac{3}{5} \cdot \frac{4}{5} = \frac{12}{25}$	$\frac{2}{5} : \frac{11}{12} = \frac{24}{55}$	$\frac{48}{55} \cdot \frac{44}{60} = \frac{16}{25}$	$\frac{45}{36} : \frac{15}{48} = 4$
$\frac{3}{4} \cdot \frac{8}{9} = \frac{2}{3}$	$\frac{2}{5} : \frac{3}{10} = \frac{4}{3}$	$\frac{56}{65} \cdot \frac{39}{72} = \frac{7}{15}$	$\frac{44}{65} : \frac{77}{52} = \frac{16}{35}$
$\frac{5}{12} \cdot \frac{6}{7} = \frac{5}{14}$	$\frac{5}{8} : \frac{7}{12} = \frac{15}{14}$	$\frac{75}{84} \cdot \frac{36}{45} = \frac{5}{7}$	$\frac{132}{144} : \frac{121}{120} = \frac{10}{11}$
$\frac{15}{16} \cdot \frac{16}{20} = \frac{3}{4}$	$\frac{12}{15} : \frac{9}{10} = \frac{8}{9}$	$\frac{13}{121} \cdot \frac{55}{78} = \frac{5}{66}$	$\frac{175}{196} : \frac{200}{224} = 1$

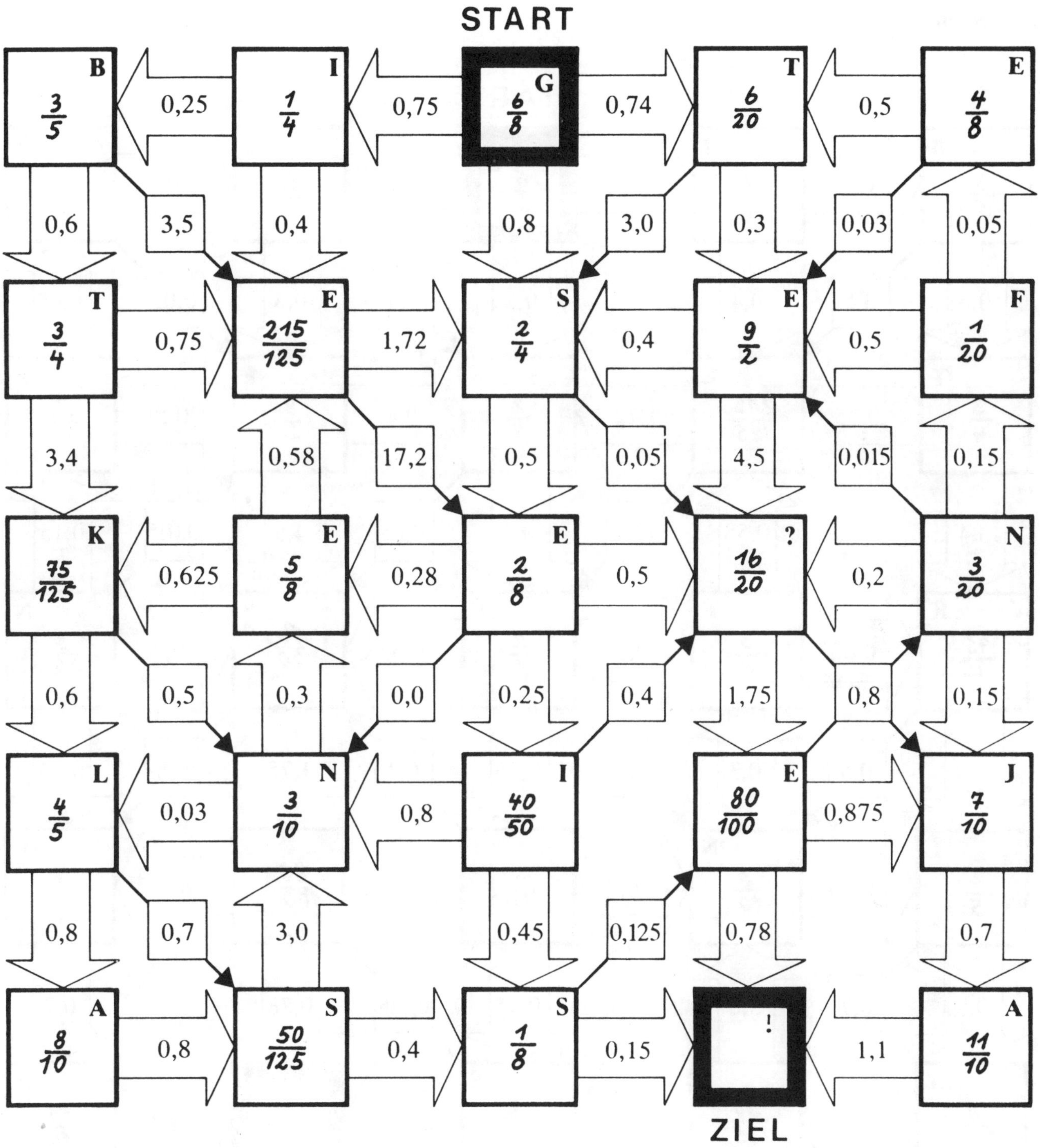
START
B 3/5
0,25
I 1/4
0,75
G 6/8
0,74
T 6/20
0,5
E 4/8
0,6
3,5
0,4
0,8
3,0
0,3
0,03
0,05
T 3/4
0,75
E 215/125
1,72
S 2/4
0,4
E 9/2
0,5
F 1/20
3,4
0,58
17,2
0,5
0,05
4,5
0,015
0,15
K 75/125
0,625
E 5/8
0,28
E 2/8
0,5
? 16/20
0,2
N 3/20
0,6
0,5
0,3
0,0
0,25
0,4
1,75
0,8
0,15
L 4/5
0,03
N 3/10
0,8
I 40/50
E 80/100
0,875
J 7/10
0,8
0,7
3,0
0,45
0,125
0,78
0,7
A 8/10
0,8
S 50/125
0,4
S 1/8
0,15
!
1,1
A 11/10
ZIEL

Lösungen:

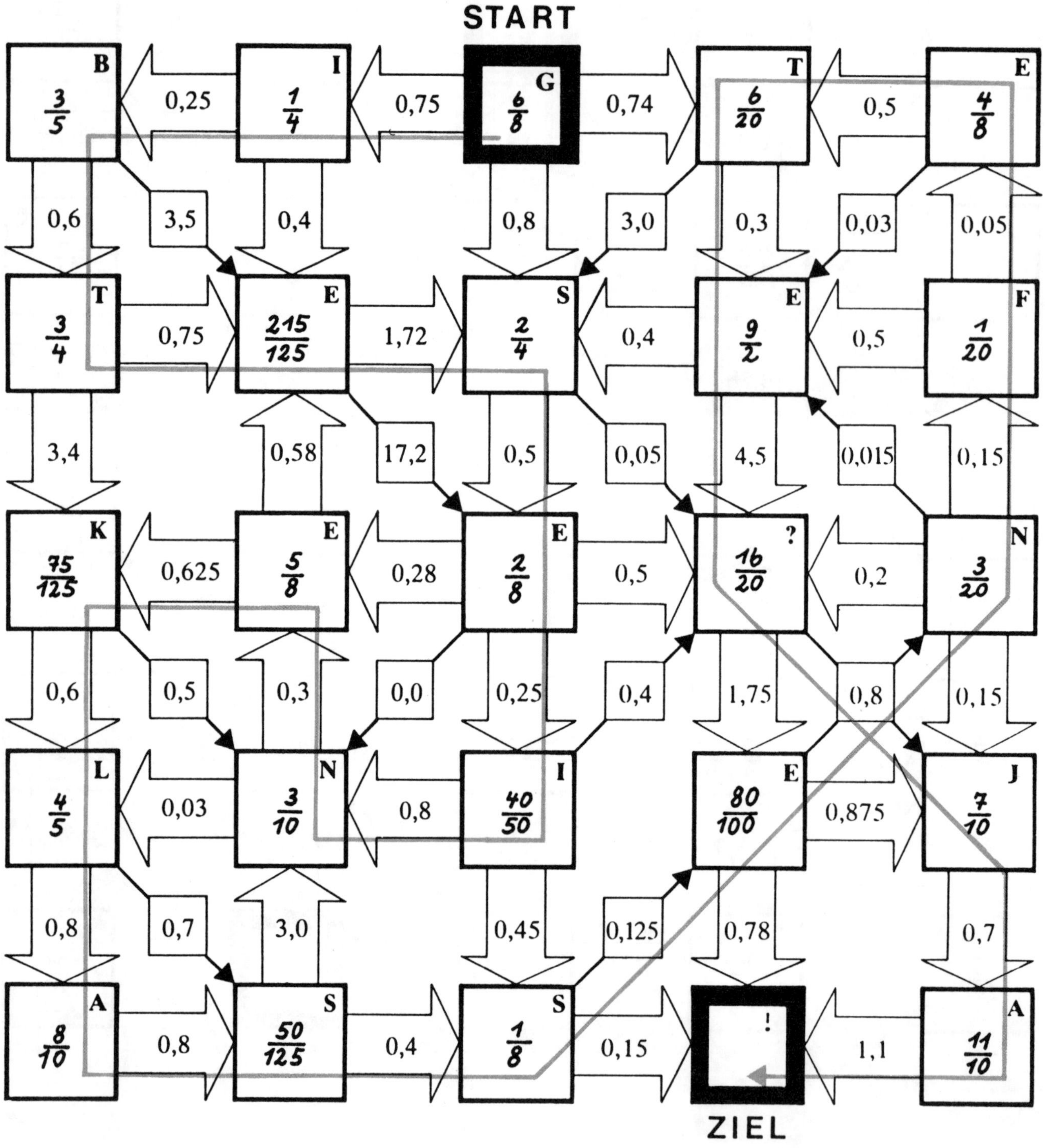

GIBT ES EINE

KLASSENFETE ? JA !

Wandele um in Dezimalbrüche und ordne die Puzzleteile nach der Größe!
Beginne mit dem kleinsten Wert oben links und lege immer drei in eine Reihe!

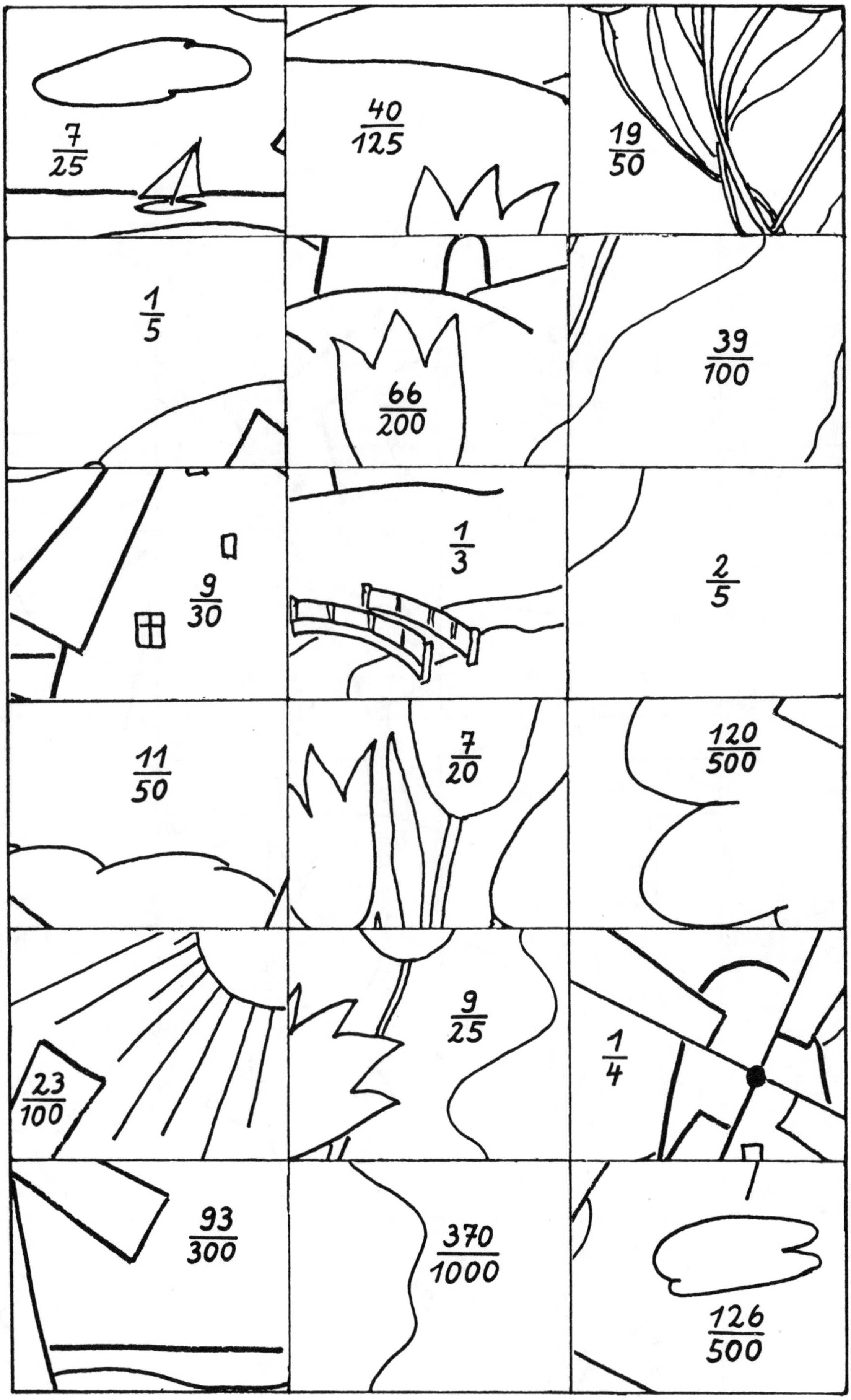

Lösungen:

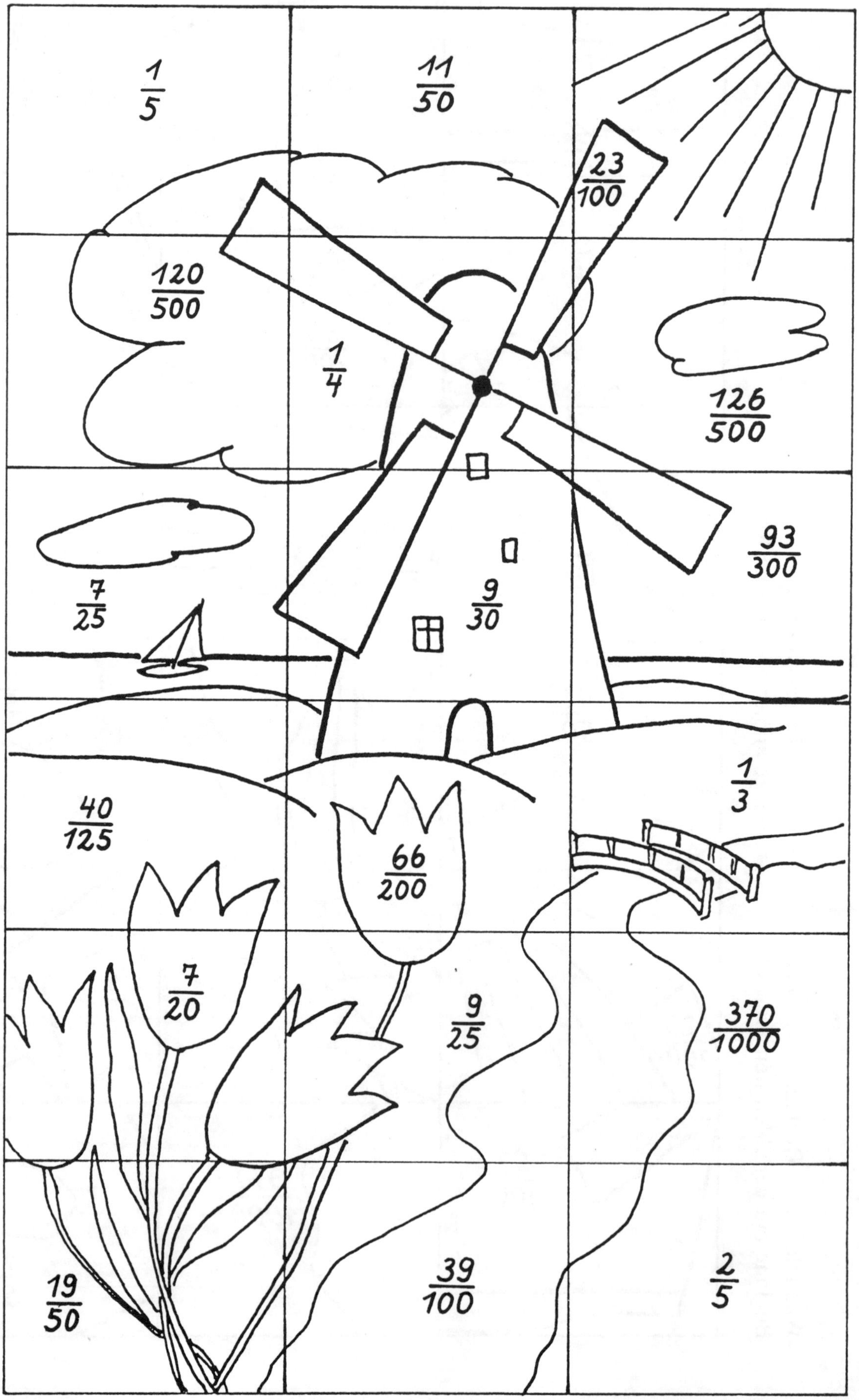

1/5
11/50
23/100
120/500
1/4
126/500
93/300
7/25
9/30
1/3
40/125
66/200
7/20
9/25
370/1000
19/50
39/100
2/5

88,964 9,703 +892,939	787,054 55,976 + 14,829	188,425 712,939 + 67,705
4,916 180,679 +433,582	231,504 14,022 +743,361	622,851 193,954 + 62,327
6,721 881,418 + 72,666	45,118 92,310 +403,285	185,433 203,857 +463,582
899,621 79,385 + 12,190	52,836 914,228 + 26,277	18,159 770,610 + 11,230
818,356 22,754 + 31,007	787,730 40,923 + 4,488	651,604 18,776 + 113,208
27,130 644,999 + 1,612	23,254 923,312 + 12,123	799,125 43,510 + 70,854

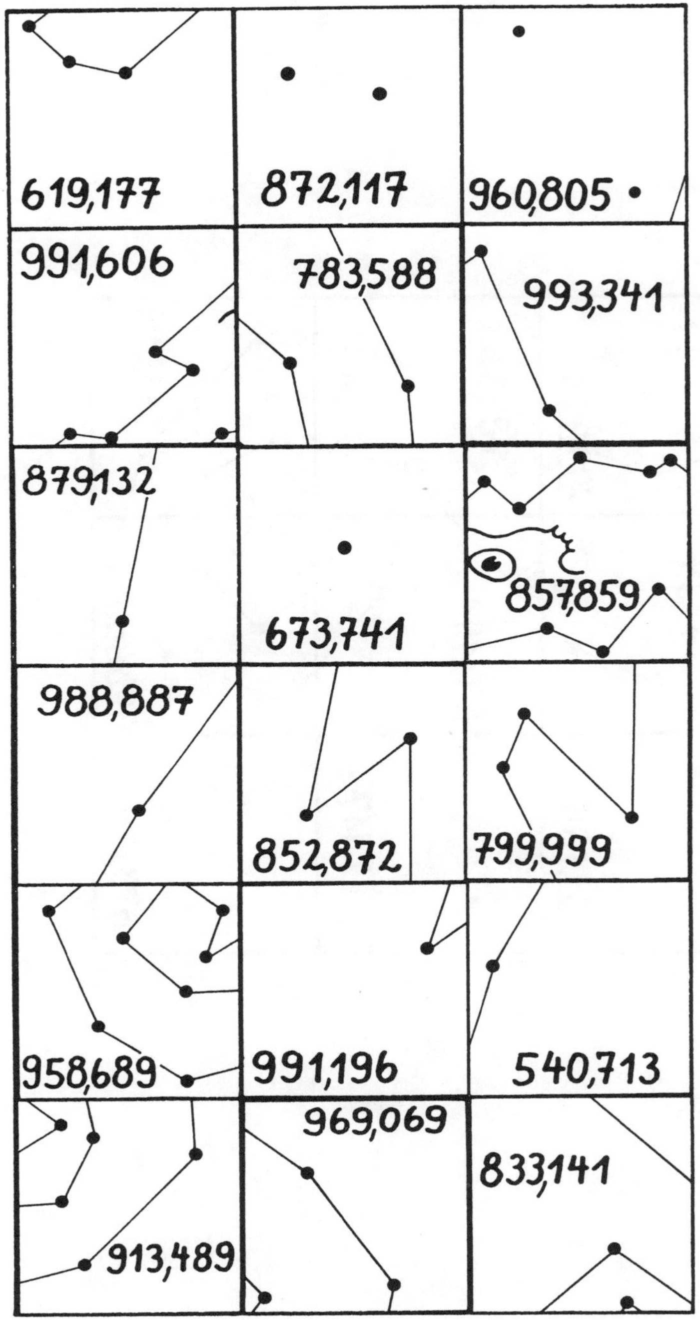

Lösungen:

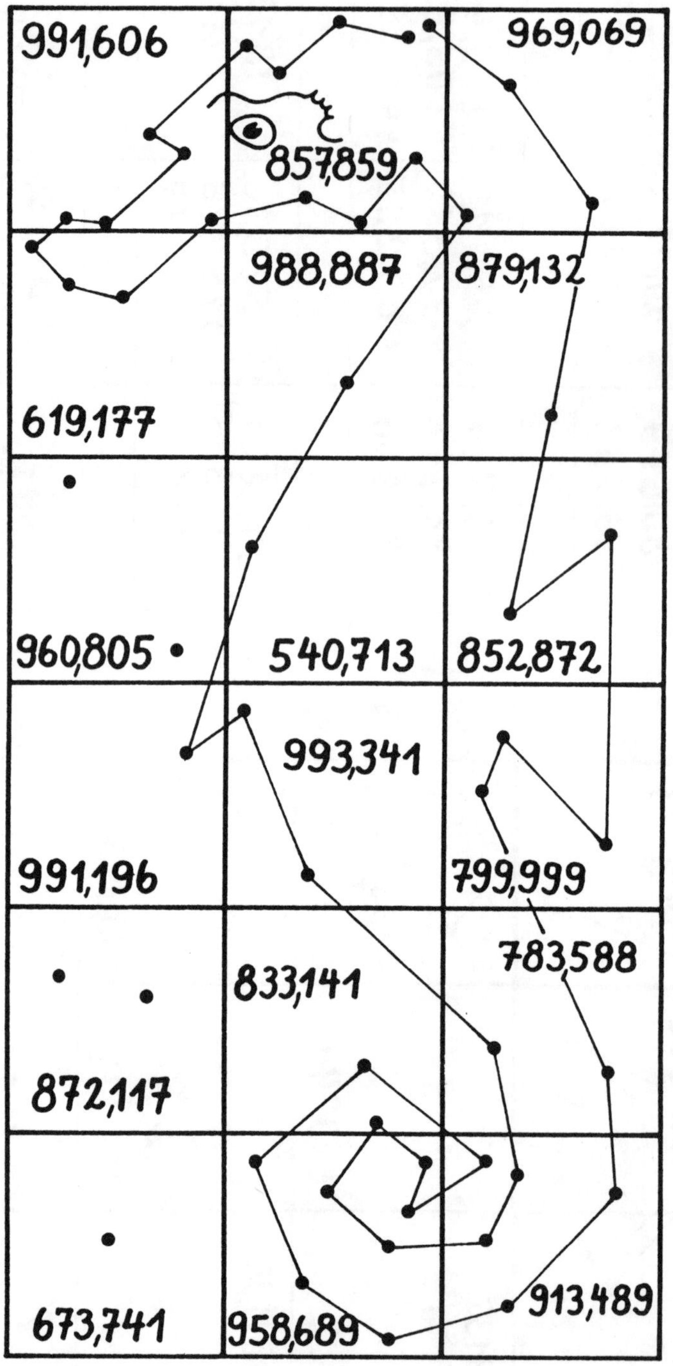
991,606
857,859
969,069
988,887
879,132
619,177
960,805
540,713
852,872
993,341
991,196
799,999
833,141
783,588
872,117
673,741
958,689
913,489

				QS
1.	185,399 + 35,618 + 17,982	=		
2.	240,854 + 4,25 + 0,866	=		
3.	66,75 + 121,9 + 1,791	=		
4.	7 851,31 + 7,876 + 51,114	=		
5.	525,135 + 5 866,9 + 0,265	=		
6.	2,198 + 67,77 + 825,7	=		
7.	5 726,17 + 0,9 + 18,663	=		
8.	62 103,4 + 80,35 + 423,8	=		
9.	12,34 + 5,678 + 9 012,3	=		
10.	116,13 + 202,07 + 312,204	=		
11.	12,987 + 8,204 + 444,3	=		
12.	391,2 + 0,095 + 43,66	=		
13.	863,09 + 49,777 + 6,897	=		
14.	9,584 + 977,635 + 0,439	=		
15.	4 633,6 + 0,403 + 25,6	=		
16.	9 817,748 + 1,88 + 69,6	=		
17.	96,558 + 885,6 + 0,779	=		
18.	6 540,21 + 420,604 + 0,136	=		
19.	432,331 + 9 264,333 + 21,62	=		
20.	39,47 + 84,844 + 472,9	=		
21.	800,743 + 1,287 + 69,48	=		
22.	123,554 + 28,494 + 206,801	=		
23.	528,763 + 72,635 + 0,009	=		
24.	842,302 + 36,26 + 1,43	=		
25.	177,76 + 876,89 + 8,905	=		
26.	43,116 + 735,621 + 21,201	=		
27.	72,265 + 1,236 + 545,14	=		
28.	3 308,201 + 361,44 + 1 009,203	=		
29.	81,955 + 672,341 + 0,071	=		
30.	105,3 + 816,36 + 4,39	=		

QS = Quersumme des Ergebnisses

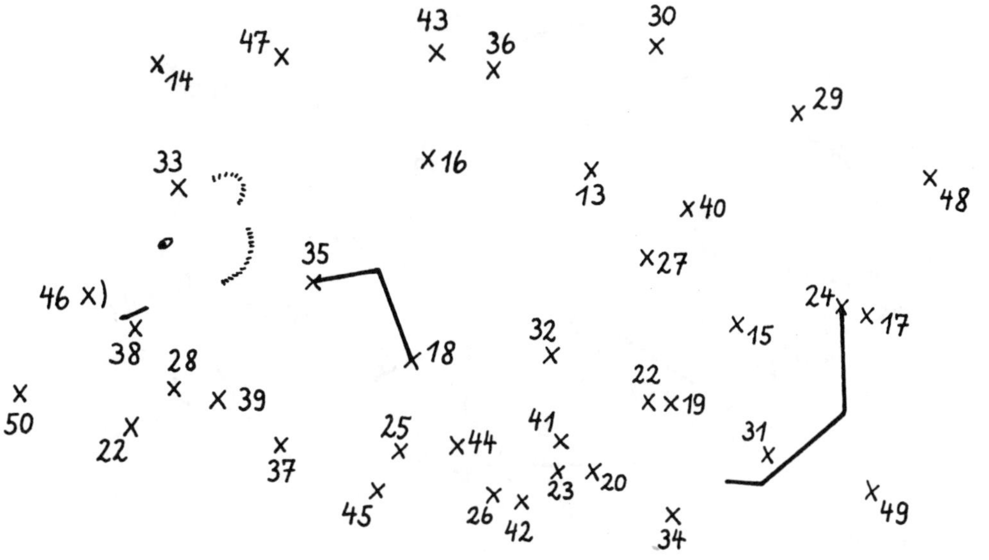

Lösungen:

								QS
1.	185,399	+	35,618	+	17,982	=	238,999	㊵
2.	240,854	+	4,25	+	0,866	=	245,97	㉗
3.	66,75	+	121,9	+	1,791	=	190,441	⑲
4.	7851,31	+	7,876	+	51,114	=	7910,3	⑳
5.	525,135	+	5866,9	+	0,265	=	6392,3	㉓
6.	2,198	+	67,77	+	825,7	=	895,668	㊷
7.	5726,17	+	0,9	+	18,663	=	5745,733	㉞
8.	62103,4	+	80,35	+	423,8	=	62607,55	㉛
9.	12,34	+	5,678	+	9012,3	=	9030,318	㉔
10.	116,13	+	202,07	+	312,204	=	630,404	⑰
11.	12,987	+	8,204	+	444,3	=	465,491	㉙
12.	391,2	+	0,095	+	43,66	=	434,955	㉚
13.	863,09	+	49,777	+	6,897	=	919,764	㊱
14.	9,584	+	977,635	+	0,439	=	987,658	㊸
15.	4633,6	+	0,403	+	25,6	=	4659,603	㉝
16.	9817,748	+	1,88	+	69,6	=	9889,228	㊻
17.	96,558	+	885,6	+	0,779	=	982,937	㊳
18.	6540,21	+	420,604	+	0,136	=	6960,95	㉟
19.	432,331	+	9264,333	+	21,62	=	9718,284	㊴
20.	39,47	+	84,844	+	472,9	=	597,214	㉘
21.	800,743	+	1,287	+	69,48	=	871,51	㉒
22.	123,554	+	28,494	+	206,801	=	358,849	㊲
23.	528,763	+	72,635	+	0,009	=	601,407	⑱
24.	842,302	+	36,26	+	1,43	=	879,992	㊹
25.	177,76	+	876,89	+	8,905	=	1063,555	㉕
26.	43,116	+	735,621	+	21,201	=	799,938	㊺
27.	72,265	+	1,236	+	545,14	=	618,641	㉖
28.	3308,201	+	361,44	+	1009,203	=	4678,844	㊶
29.	81,955	+	672,341	+	0,071	=	754,367	㉜
30.	105,3	+	816,36	+	4,39	=	926,05	㉒

QS = Quersumme des Ergebnisses

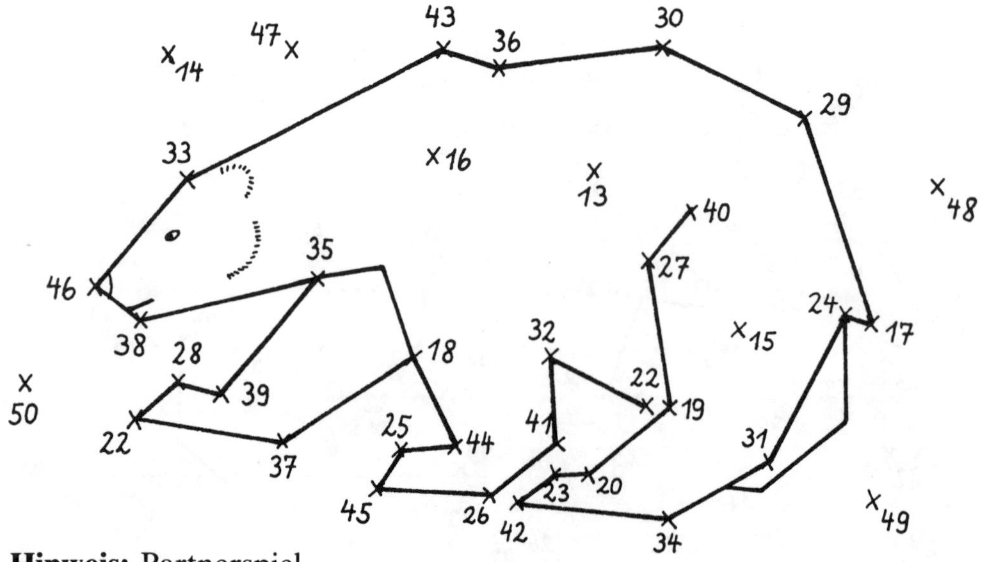

Hinweis: Partnerspiel

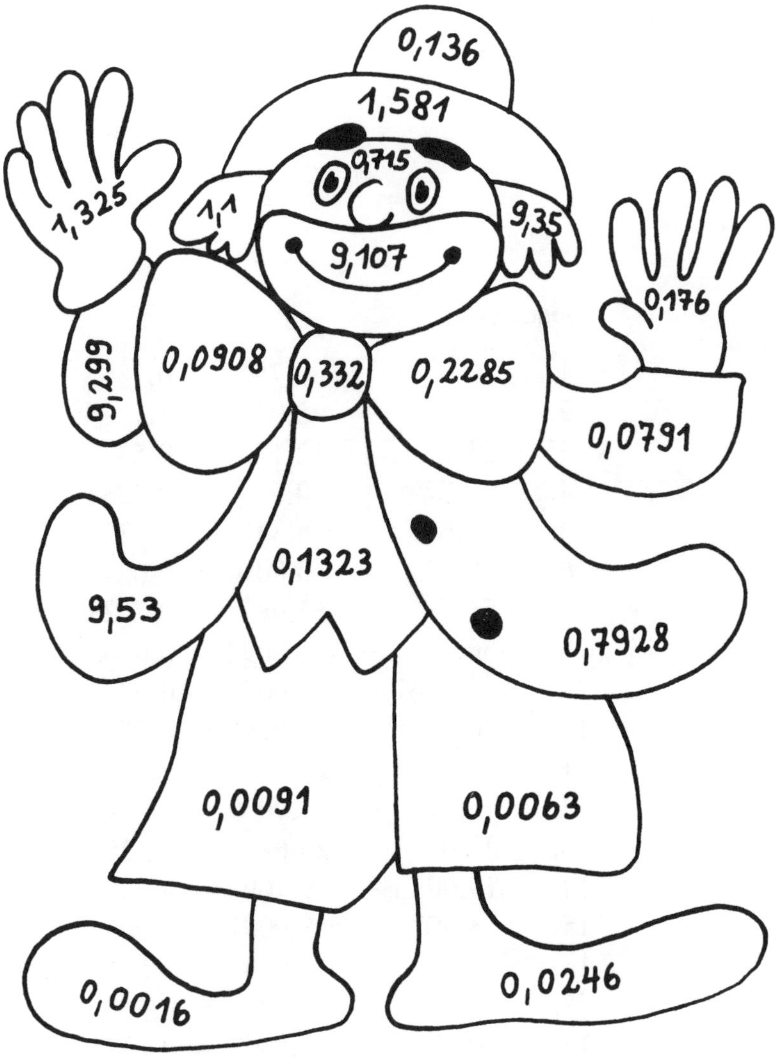

1.	0,89	–	0,754	=	________	blau
2.	4,07	–	2,97	=	________	grün
3.	21,7	–	12,17	=	________	orange
4.	0,8785	–	0,65	=	________	orange
5.	5,673	–	5,341	=	________	gelb
6.	0,03	–	0,0054	=	________	gelb
7.	54,78	–	53,9872	=	________	grün
8.	456,7	–	456,6092	=	________	grün
9.	0,0067	–	0,0051	=	________	braun
10.	0,089	–	0,0099	=	________	blau
11.	35,678	–	26,328	=	________	gelb
12.	6,91	–	6,9009	=	________	blau
13.	25,01	–	23,685	=	________	gelb
14.	19,008	–	9,709	=	________	rot
15.	8,907	–	8,9007	=	________	blau
16.	4,67	–	3,089	=	________	braun
17.	6,7	–	5,985	=	________	orange
18.	0,783	–	0,6507	=	________	rot
19.	121,007	–	111,9	=	________	rot
20.	8,081	–	7,905	=	________	braun

Lösungen:

1.	0,89	–	0,754	=	0,136
2.	4,07	–	2,97	=	1,1
3.	21,7	–	12,17	=	9,53
4.	0,8785	–	0,65	=	0,2285
5.	5,673	–	5,341	=	0,332
6.	0,03	–	0,0054	=	0,0246
7.	54,78	–	53,9872	=	0,7928
8.	456,7	–	456,6092	=	0,0908
9.	0,0067	–	0,0051	=	0,0016
10.	0,089	–	0,0099	=	0,0791
11.	35,678	–	26,328	=	9,35
12.	6,91	–	6,9009	=	0,0091
13.	25,01	–	23,685	=	1,325
14.	19,008	–	9,709	=	9,299
15.	8,907	–	8,9007	=	0,0063
16.	4,67	–	3,089	=	1,581
17.	6,7	–	5,985	=	0,715
18.	0,783	–	0,6507	=	0,1323
19.	121,007	–	111,9	=	9,107
20.	8,081	–	7,905	=	0,176

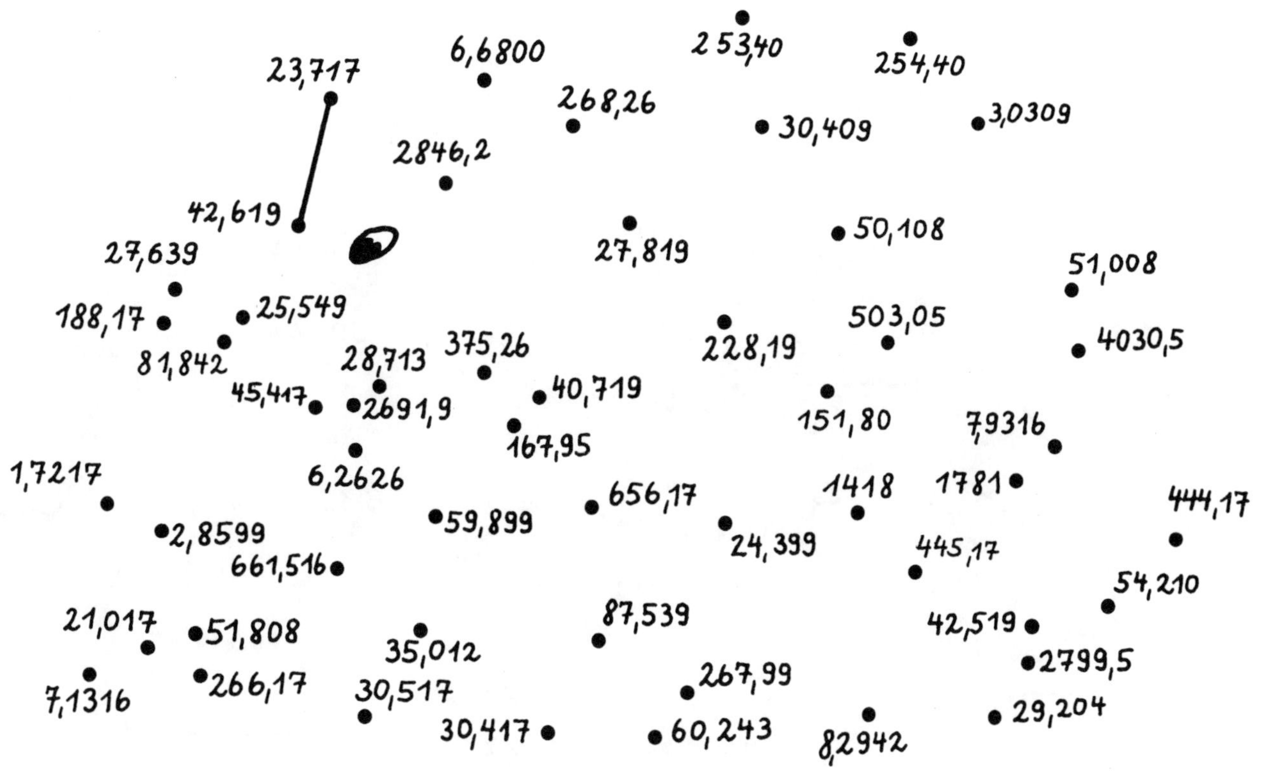

39,036	–	15,319	=	________	
9,1714	–	2,4914	=	________	
410,13	–	156,73	=	________	
7,2789	–	4,2480	=	________	
85,425	–	34,417	=	________	
614,55	–	170,38	=	________	
7234,6	–	3204,1	=	________	
9,1744	–	1,2428	=	________	
96,000	–	41,790	=	________	
59,327	–	16,808	=	________	
5631,5	–	3850,5	=	________	
5599,0	–	2799,5	=	________	
59,707	–	30,503	=	________	
9,7237	–	1,4295	=	________	
682,33	–	237,16	=	________	
4317,2	–	________	=	2899,2	
30,119	–	________	=	5,72	
415,09	–	________	=	147,1	
63,726	–	________	=	3,483	
34,196	–	________	=	3,779	
97,849	–	________	=	10,31	
672,45	–	________	=	16,28	
82,822	–	________	=	47,81	

664,76	–	________	=	3,244
61,771	–	________	=	1,872
42,718	–	________	=	1,999
511,36	–	________	=	243,1
3384,2	–	________	=	538
336,75	–	________	=	168,8
435,76	–	________	=	60,5
________	+	3,7374	=	10
________	+	71,287	=	100
________	+	811,83	=	1 000
________	+	7308,1	=	10 000
________	+	54,583	=	100
________	+	7,1401	=	10
________	+	78,983	=	100
________	+	48,192	=	100
________	+	733,83	=	1 000
________	+	2,8684	=	10
________	+	8,2783	=	10
________	+	18,158	=	100
________	+	72,361	=	100
________	+	74,451	=	100
________	+	57,381	=	100

Lösungen:

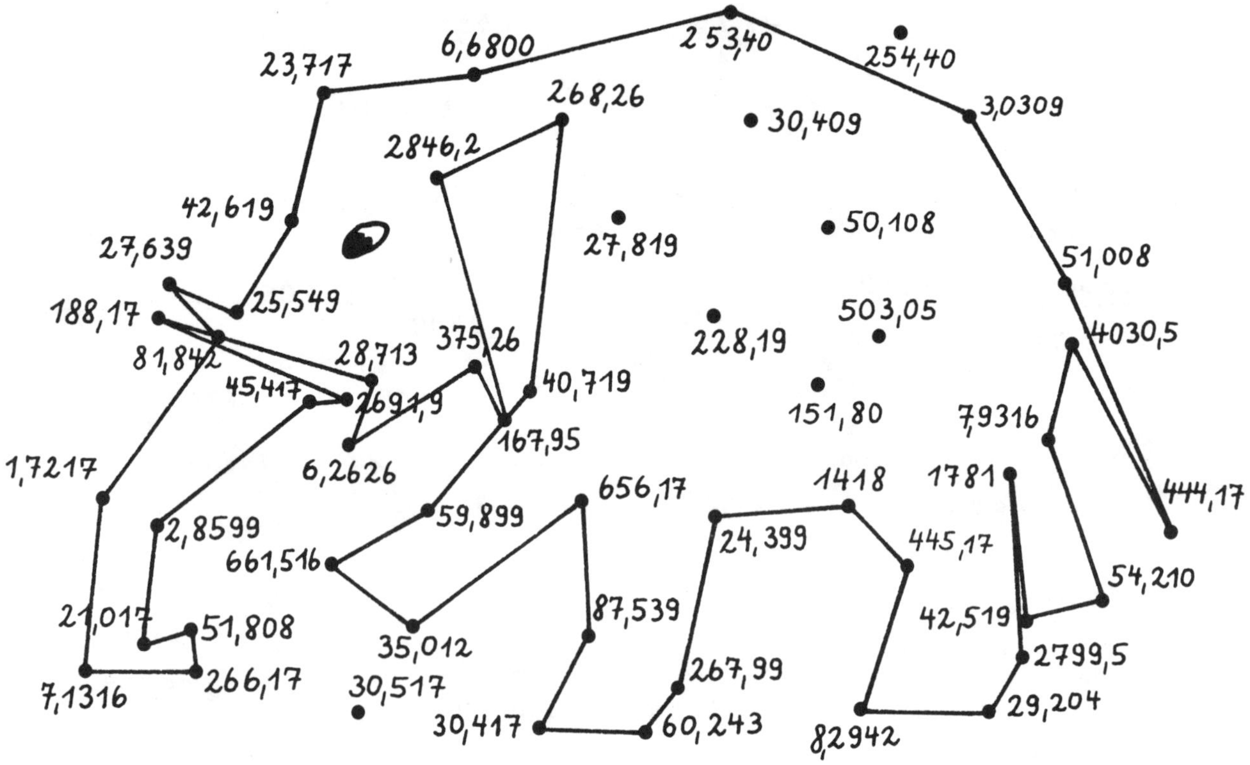

39,036	–	15,319	=	23,717
9,1714	–	2,4914	=	6,6800
410,13	–	156,73	=	253,40
7,2789	–	4,2480	=	3,0309
85,425	–	34,417	=	51,008
614,55	–	170,38	=	444,17
7234,6	–	3204,1	=	4030,5
9,1744	–	1,2428	=	7,9316
96,000	–	41,790	=	54,210
59,327	–	16,808	=	42,519
5631,5	–	3850,5	=	1781
5599,0	–	2799,5	=	2799,5
59,707	–	30,503	=	29,204
9,7237	–	1,4295	=	8,2942
682,33	–	237,16	=	445,17
4317,2	–	1418	=	2899,2
30,119	–	24,399	=	5,72
415,09	–	267,99	=	147,1
63,726	–	60,243	=	3,483
34,196	–	30,417	=	3,779
97,849	–	87,539	=	10,31
672,45	–	656,17	=	16,28
82,822	–	35,012	=	47,81

664,76	–	661,516	=	3,244
61,771	–	59,889	=	1,872
42,718	–	40,719	=	1,999
511,36	–	268,26	=	243,1
3384,2	–	2846,2	=	538
336,75	–	167,95	=	168,8
435,76	–	375,26	=	60,5
6,2626	+	3,7374	=	10
28,713	+	71,287	=	100
188,17	+	811,83	=	1 000
2691,9	+	7308,1	=	10 000
45,417	+	54,583	=	100
2,8599	+	7,1401	=	10
21,017	+	78,983	=	100
51,808	+	48,192	=	100
266,17	+	733,83	=	1 000
7,1316	+	2,8684	=	10
1,7217	+	8,2783	=	10
81,842	+	18,158	=	100
27,639	+	72,361	=	100
25,549	+	74,451	=	100
42,619	+	57,381	=	100

Tip: Löse die Aufgaben in Partnerarbeit!

3,985	+	62,3	=		
74,228	+	0,007	=		
13,84	+	37,38	=		
57,8	−	6,58	=		
55,121	+	17,02	=		
19,35	+	61,25	=		
74,302	−	3,3	=		
76,57	−	6,55	=		
73,371	−	1,23	=		
74,015	−	3,995	=		
66,3	−	7,93	=		
136,238	−	62,003	=		
52,129	+	9,651	=		
98,6	−	15,66	=		
68,571	+	3,57	=		
0,125	+	77,125	=		
80,774	−	6,539	=		
51,47	+	6,9	=		
65,9	−	1,89	=		
66,7	+	9,9	=		
30,42	+	34,8	=		
64,21	−	12,99	=		
21	+	61,09	=		
78,75	−	6,609	=		
74,97	+	5,63	=		
76,512	−	5,51	=		
69,573	+	2,568	=		
63,14	+	6,88	=		
66,538	−	17,039	=		
93,821	−	21,68	=		
67,776	+	3,226	=		
109,18	−	32,58	=		
75,407	−	3,266	=		
87,8	−	36,58	=		
86,487	−	9,887	=		
81,1	−	8,78	=		
51,95	+	6,25	=		

F	49,499
R	51,22
S	58,2
M	58,37
T	61,78
A	64,01
B	65,22
W	66,285
Q	69,19
N	70,02
G	70,03
H	71,002
E	72,141
O	72,32
I	74,235
K	75,07
J	75,27
V	75,5
L	76,6
Z	77,25
Y	80,007
X	80,03
C	80,6
P	81,25
U	82,09
D	82,94

Lösungen:

3,985	+	62,3	=	66,285	W
74,228	+	0,007	=	74,235	I
13,84	+	37,38	=	51,22	R
57,8	–	6,58	=	51,22	R
55,121	+	17,02	=	72,141	E
19,35	+	61,25	=	80,6	C
74,302	–	3,3	=	71,002	H
76,57	–	6,55	=	70,02	N
73,371	–	1,23	=	72,141	E
74,015	–	3,995	=	70,02	N
66,3	–	7,93	=	58,37	M
136,238	–	62,003	=	74,235	I
52,129	+	9,651	=	61,78	T
98,6	–	15,66	=	82,94	D
68,571	+	3,57	=	72,141	E
0,125	+	77,125	=	77,25	Z
80,774	–	6,539	=	74,235	I
51,47	+	6,9	=	58,37	M
65,9	–	1,89	=	64,01	A
66,7	+	9,9	=	76,6	L
30,42	+	34,8	=	65,22	B
64,21	–	12,99	=	51,22	R
21	+	61,09	=	82,09	U
78,75	–	6,609	=	72,141	E
74,97	+	5,63	=	80,6	C
76,512	–	5,51	=	71,002	H
69,573	+	2,568	=	72,141	E
63,14	+	6,88	=	70,02	N
66,538	–	17,039	=	49,499	F
93,821	–	21,68	=	72,141	E
67,776	+	3,226	=	71,002	H
109,18	–	32,58	=	76,6	L
75,407	–	3,266	=	72,141	E
87,8	–	36,58	=	51,22	R
86,487	–	9,887	=	76,6	L
81,1	–	8,78	=	72,32	O
51,95	+	6,25	=	58,2	S

Runde die Dezimalzahlen zu ganzen Zahlen!

Lösungen:

4,55458
5
44,5545
45
4,455545
4
45,5458
46
5,54458
6
44,4554
44
54,14458
54
455,458
455
4555
455,545
456
445,545
446
4554,48
4554
4555,58
4556
45546,5
45547
45545,4
45545
45545,8
45546
4554,58

4,13 · 53,2	62,5 · 40,3	1,40 · 3,37	0,718 · 72,5
5,03 · 402	2,30 · 60,7	0,388 · 2,14	0,804 · 216
2,84 · 0,377	60,9 · 7,28	41,7 · 42,6	8,22 · 6,07
3,24 · 572	57,2 · 6,13	902 · 25,5	74,1 · 5,08
19,9 · 9,73	65,3 · 3,27	748 · 0,813	6,20 · 90,8

Aus: Krampe/Mittelmann: Rechenspiele für die Klasse 6, Verlag Ludwig Auer, Donauwörth

Lösungen:

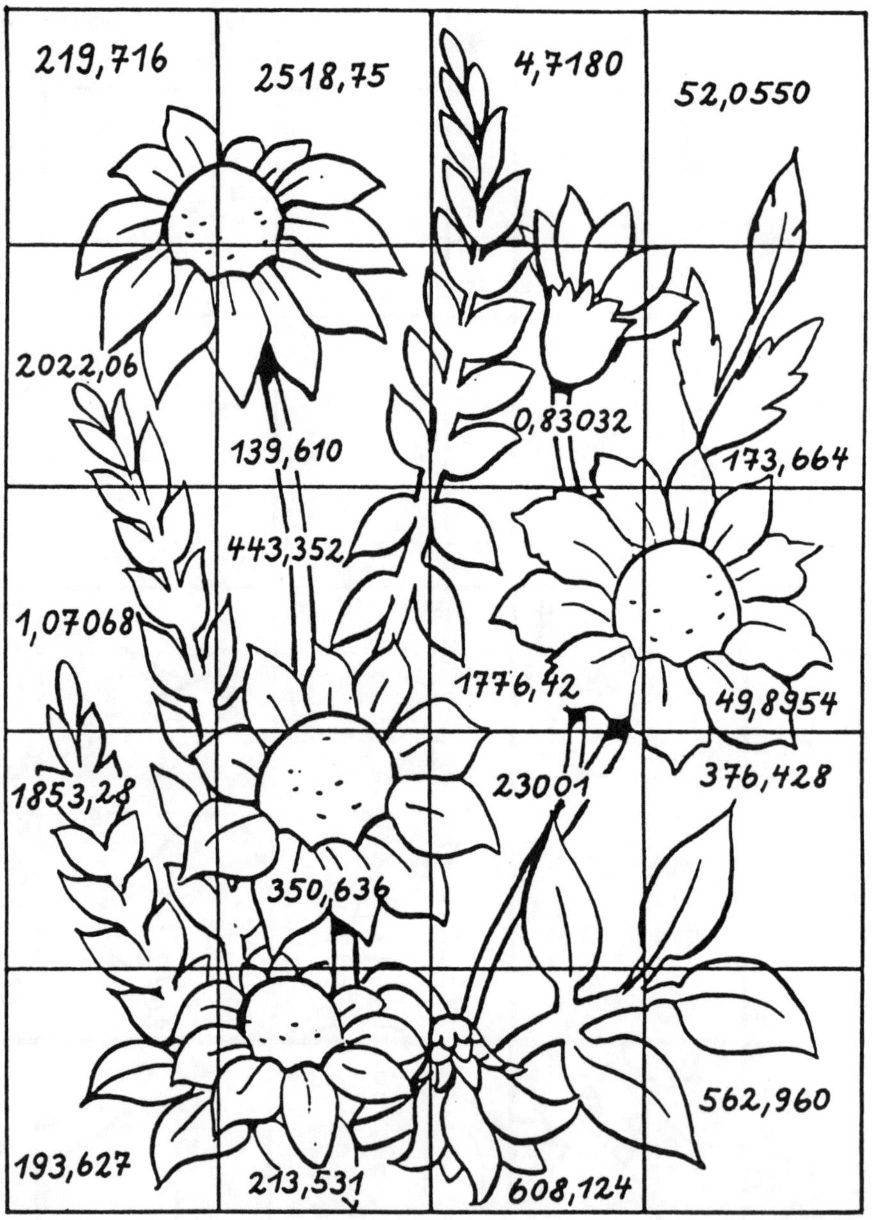

219,716
2518,75
4,7180
52,0550
2022,06
139,610
0,83032
173,664
443,352
1,07068
1776,42
49,8954
1853,28
23001
376,428
350,636
193,627
213,531
608,124
562,960

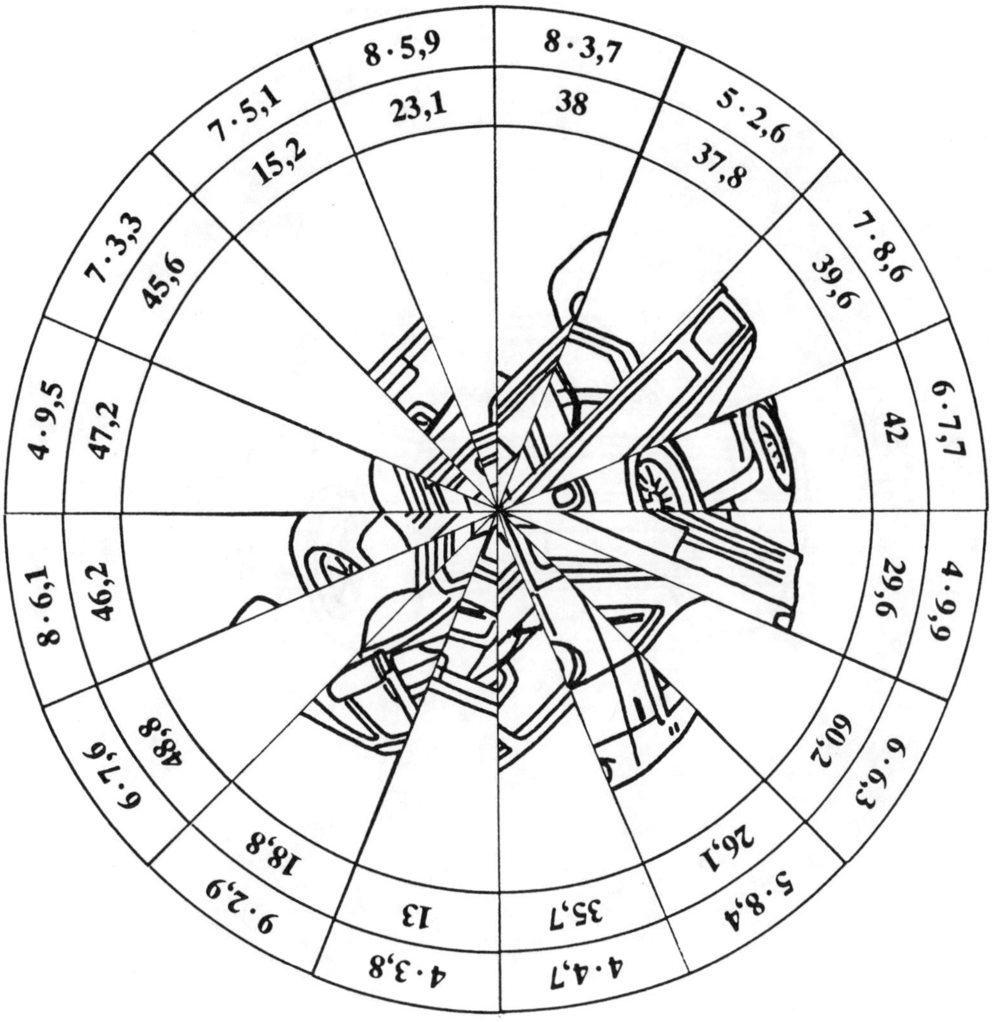
8 · 5,9
23,1
8 · 3,7
38
5 · 2,6
37,8
7 · 8,6
39,6
6 · 7,7
42
4 · 9,9
29,6
6 · 6,3
60,2
5 · 8,4
26,1
4 · 4,7
35,7
4 · 3,8
13
9 · 2,9
18,8
6 · 7,6
48,8
8 · 6,1
46,2
4 · 9,5
47,2
7 · 3,3
45,6
7 · 5,1
15,2

Lösungen:

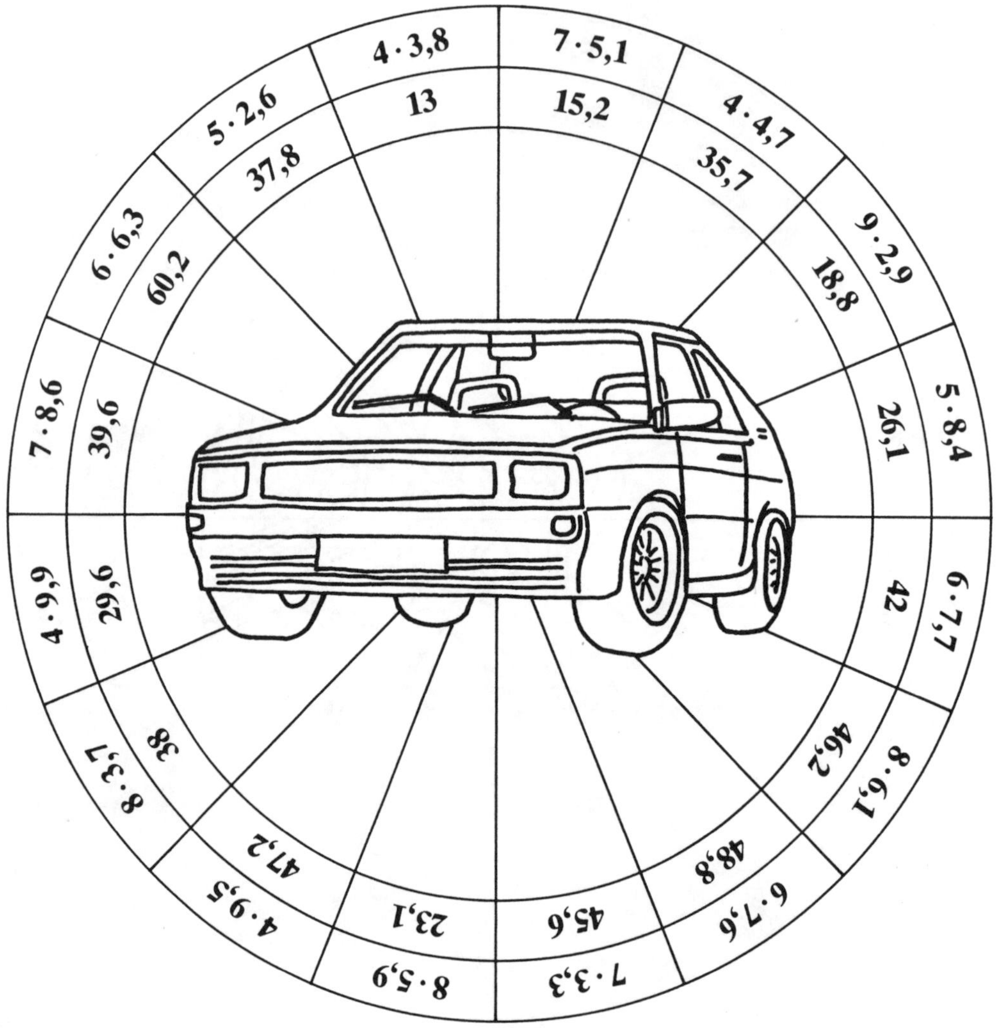

4 · 3,8
13
7 · 5,1
15,2
4 · 4,7
35,7
9 · 2,9
18,8
5 · 8,4
26,1
6 · 7,7
42
8 · 6,1
46,2
6 · 7,6
48,8
7 · 3,3
45,6
8 · 5,9
23,1
4 · 9,5
47,2
8 · 3,7
38
4 · 9,9
29,6
7 · 8,6
39,6
6 · 6,3
60,2
5 · 2,6
37,8

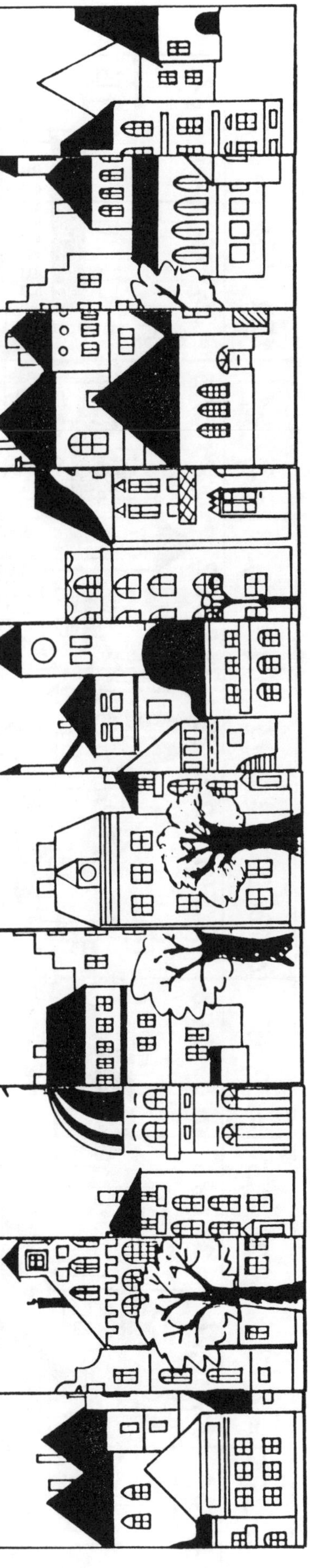

= 2,601	0,84·24,3
= 2,511	2,56·0,95
= 2,754	0,05·402,2
= 20,65	6,05·0,42
1,35·2,04	= 2,214
1,02·2,55	= 2,592
= 22,59	25,2·0,82
= 2,13	81,1·0,26
0,02·122,5	= 2,541
= 22,143	1,07·2,3

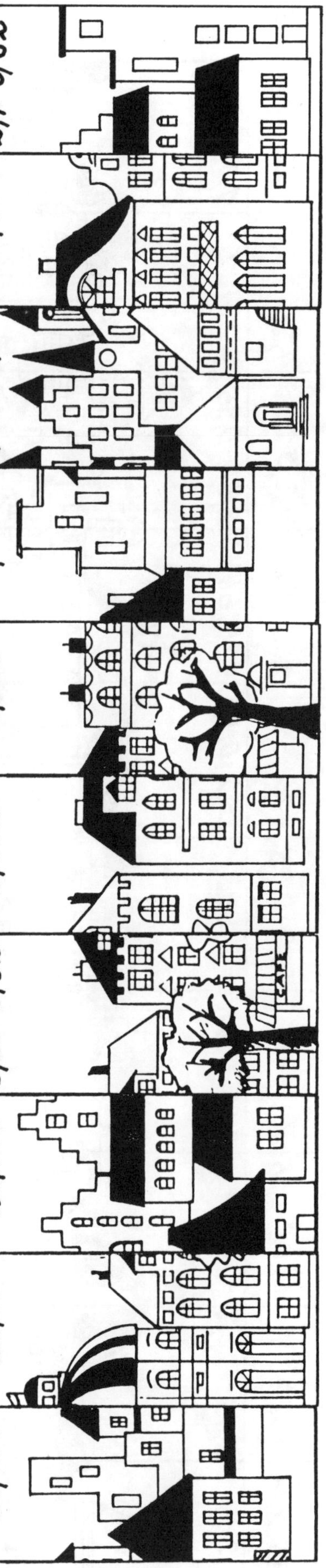

8,26·2,5	= 21,086
16,08·0,15	= 20,11
15,2·1,36	= 20,412
= 2,412	3,65·0,82
7,26·3,05	= 2,432
50,2·0,45	= 2,993
0,06·35,5	= 2,461
= 2,45	0,03·86,4
1,55·1,62	= 20,664
= 20,672	2,7·0,82

Lösungen:

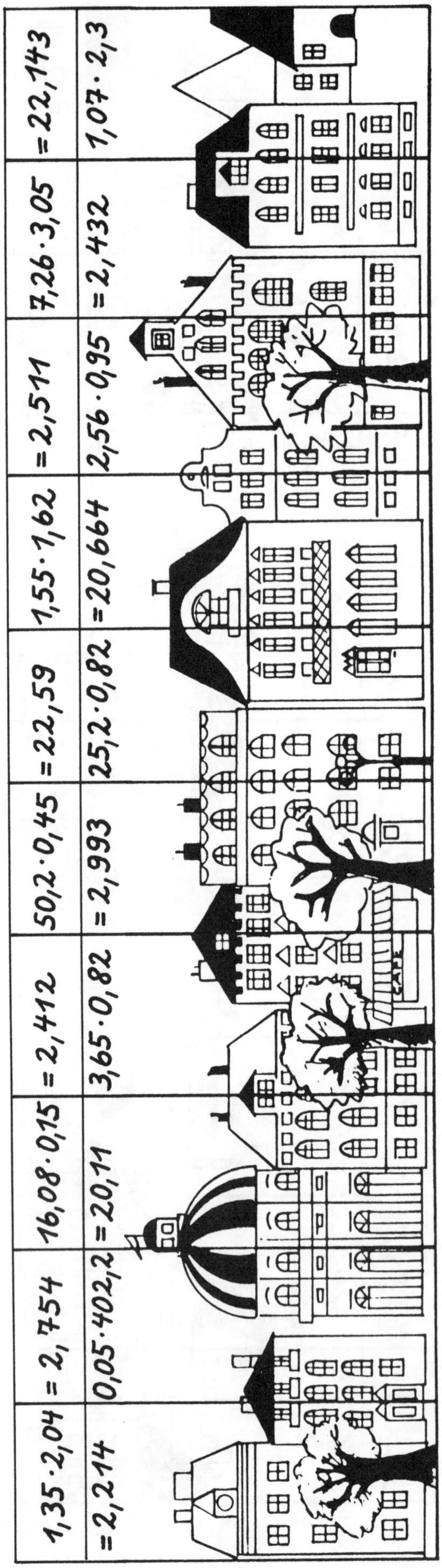
1,35·2,04
=2,754
16,08·0,15
=2,412
50,2·0,45
=22,59
1,55·1,62
=2,511
7,26·3,05
=22,143
=2,214
0,05·402,2
=20,11
3,65·0,82
=2,993
25,2·0,82
=20,664
2,56·0,95
=2,432
1,07·2,3

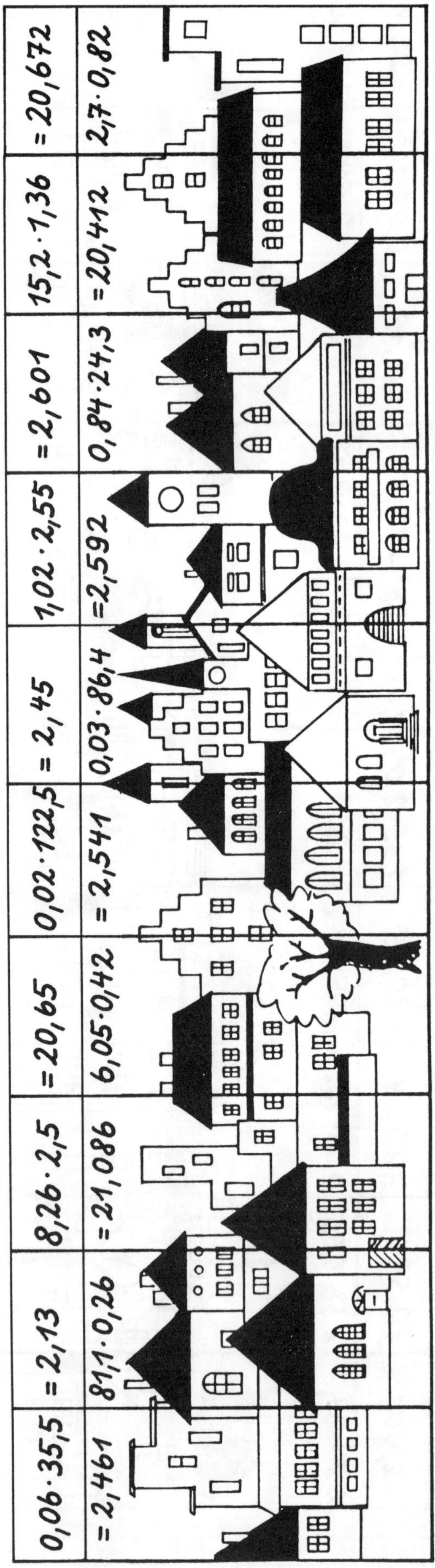
0,06·35,5
=2,13
8,26·2,5
=20,65
0,02·122,5
=2,45
1,02·2,55
=2,601
15,2·1,36
=20,672
=2,461
81,1·0,26
=21,086
6,05·0,42
=2,541
0,03·86,4
=2,592
0,84·24,3
=20,412
2,7·0,82

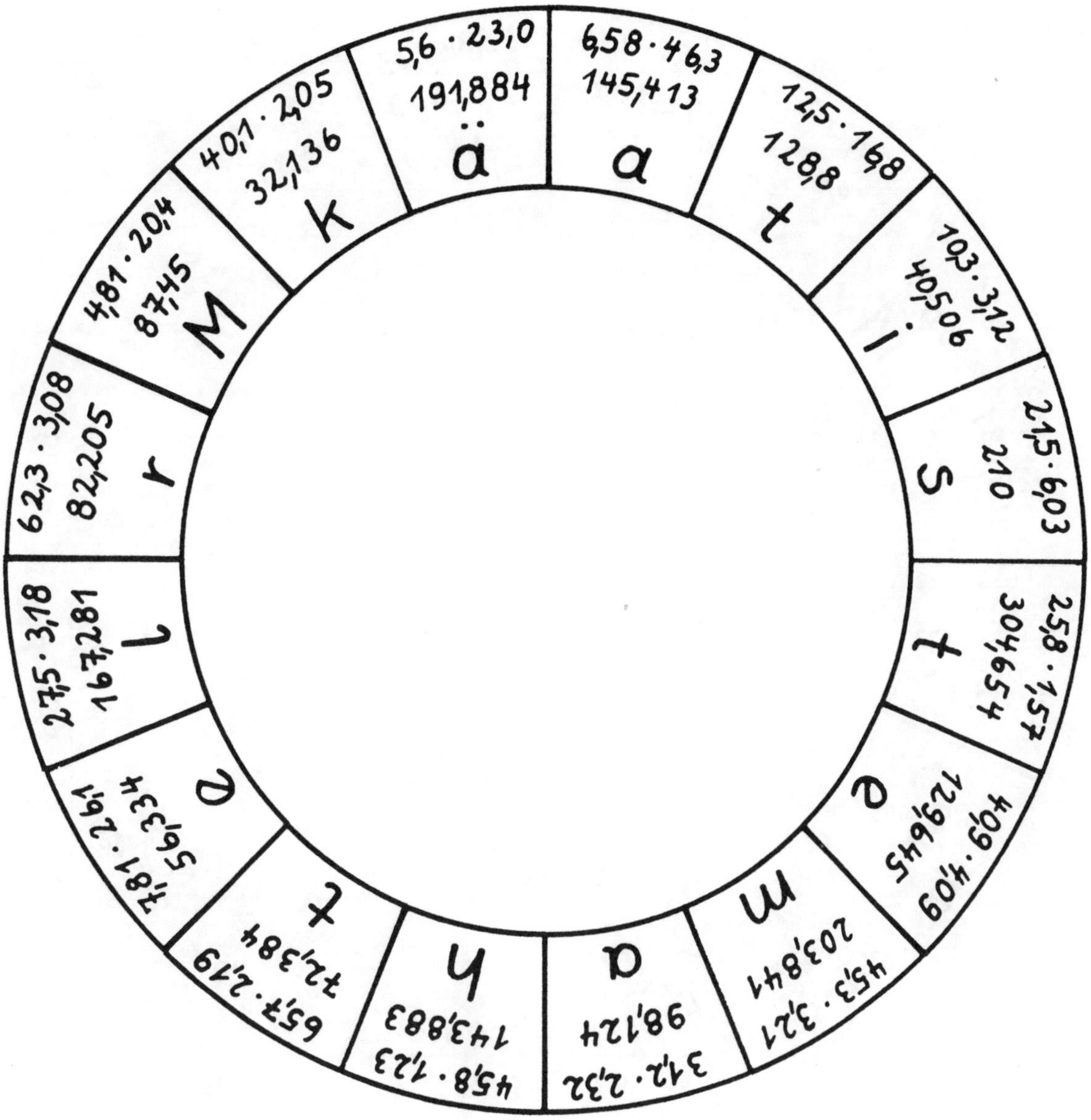
5,6 · 23,0
191,884
ä
6,58 · 46,3
145,413
a
12,5 · 16,8
128,8
t
10,3 · 3,12
40,506
i
21,5 · 6,03
210
s
25,8 · 1,57
304,654
t
40,9 · 40,9
129,645
e
45,3 · 3,21
203,841
m
31,2 · 2,32
98,124
a
45,8 · 1,23
143,883
h
65,7 · 2,19
72,384
t
7,81 · 2,61
56,334
a
27,5 · 3,18
167,281
l
62,3 · 3,08
82,205
r
4,81 · 20,4
87,45
M
40,1 · 2,05
32,136
k

Lösungen:

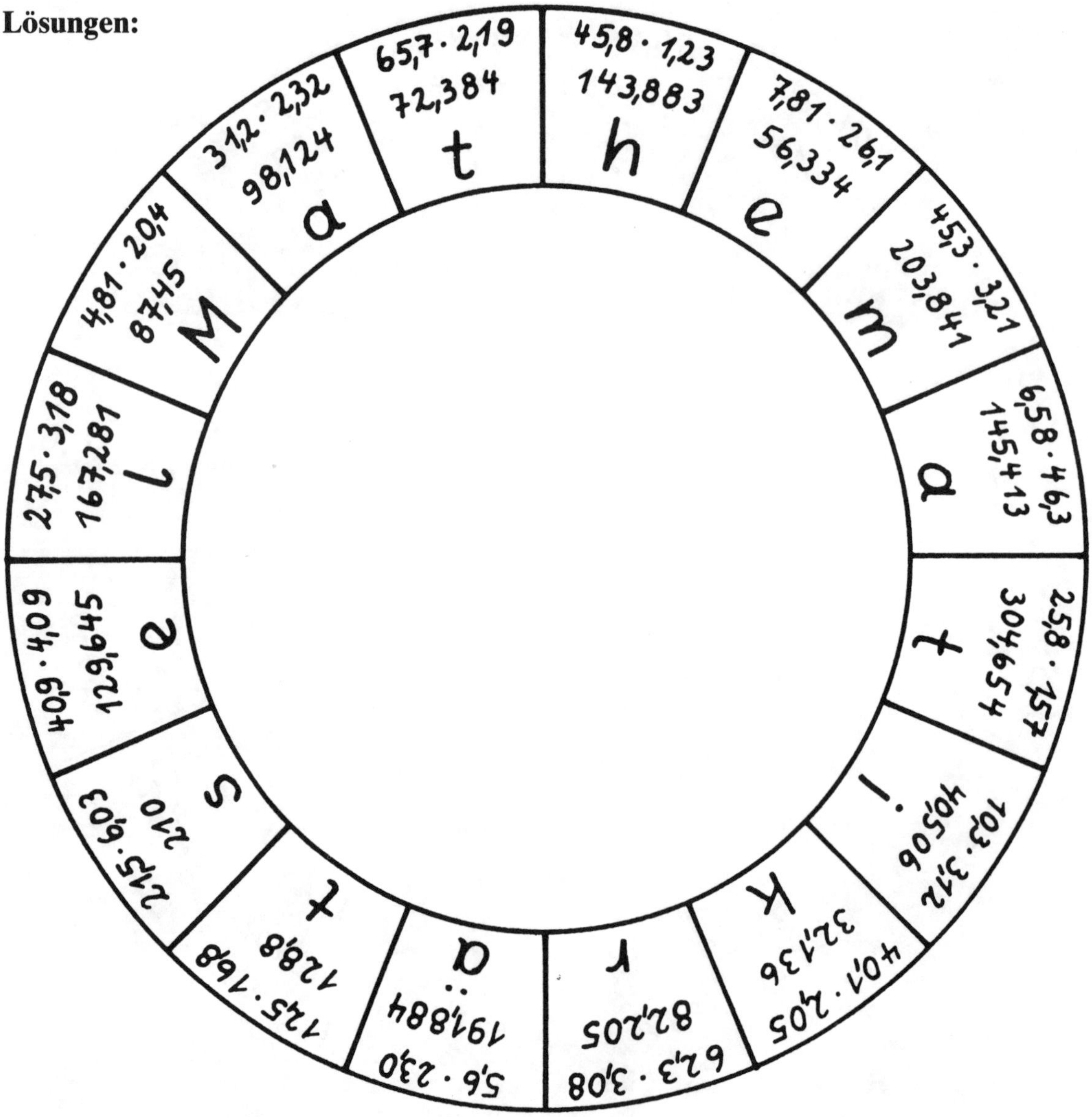
45,8 · 1,23
143,883
h
7,81 · 26,1
56,334
e
4,53 · 32,1
203,841
m
6,58 · 46,3
145,413
a
25,8 · 1,57
304,654
t
10,3 · 3,12
40,506
i
40,1 · 2,05
32,136
k
62,3 · 3,08
82,205
r
5,6 · 23,0
191,884
ä
12,5 · 16,8
128,8
t
21,5 · 6,03
210
s
40,9 · 4,09
129,645
e
27,5 · 3,18
167,281
l
4,81 · 20,4
87,45
M
31,2 · 2,32
98,124
a
65,7 · 2,19
72,384
t

Aufgabe	Lösung	QS
480,066 : 6 =		
3601,84 : 8 =		
32,2420 : 4 =		
42,1771 : 7 =		
270,162 : 3 =		
1917,54 : 9 =		
19,2780 : 6 =		
3,22412 : 4 =		
2581,59 : 3 =		
34,3965 : 5 =		
270,036 : 9 =		
324,615 : 5 =		
1999,36 : 2 =		

Aufgabe	Lösung	QS
371,427 : 7 =		
5,65216 : 8 =		
35817,2 : 4 =		
420,707 : 7 =		
2,68686 : 3 =		
277,672 : 8 =		
4833,42 : 6 =		
23,9445 : 5 =		
25135,2 : 9 =		
1977,80 : 2 =		
4,33461 : 7 =		
16,8168 : 8 =		

Hinweis: QS: Quersumme ohne Berücksichtigung des Kommas

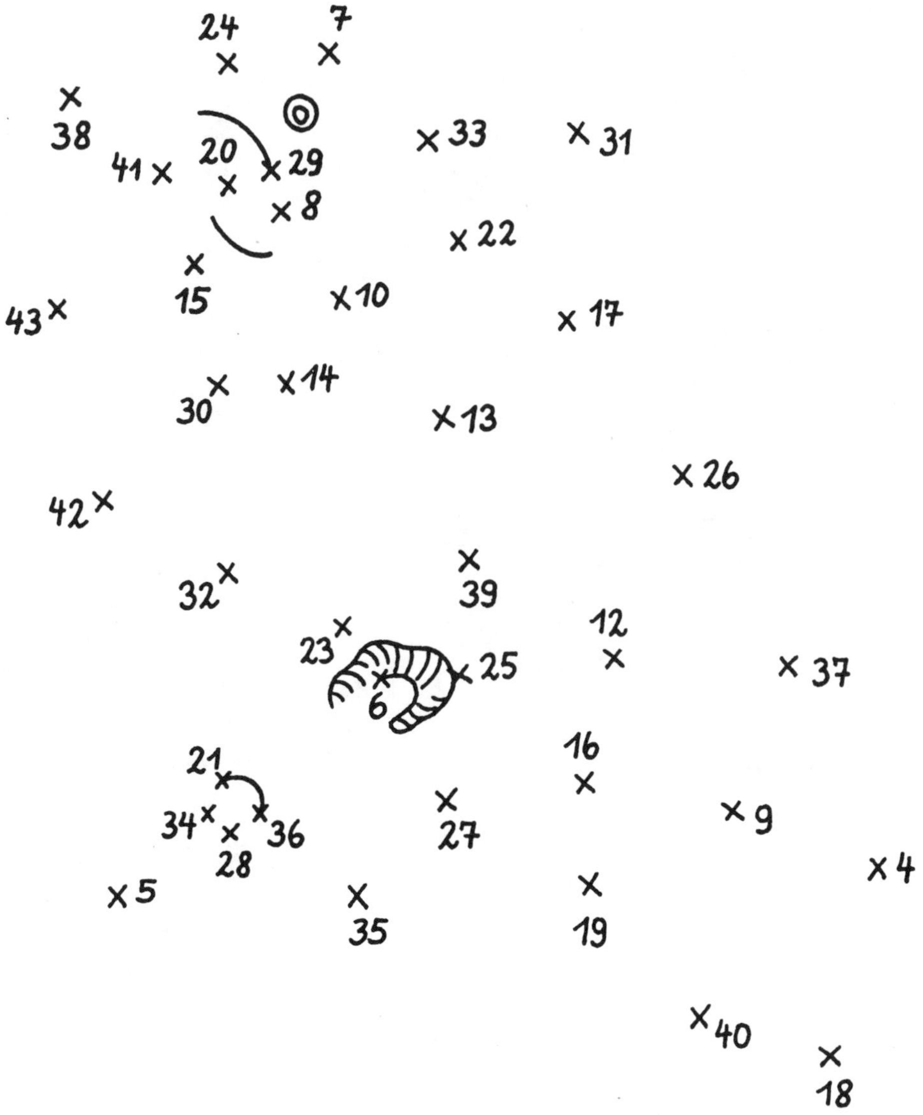

Lösungen:

Aufgabe	Lösung	QS
480,066 : 6 =	80,011	10
3601,84 : 8 =	450,23	14
32,2420 : 4 =	8,0605	19
42,1771 : 7 =	6,0253	16
270,162 : 3 =	90,054	18
1917,54 : 9 =	213,06	12
19,2780 : 6 =	3,2130	9
3,22412 : 4 =	0,80603	17
2581,59 : 3 =	860,53	22
34,3965 : 5 =	6,8793	33
270,036 : 9 =	30,004	7
324,615 : 5 =	64,923	24
1999,36 : 2 =	999,68	41

Aufgabe	Lösung	QS
371,427 : 7 =	53,061	15
5,65216 : 8 =	0,70652	20
35817,2 : 4 =	8954,3	29
420,707 : 7 =	60,101	8
2,68686 : 3 =	0,89562	30
277,672 : 8 =	34,709	23
4833,42 : 6 =	805,57	25
23,9445 : 5 =	4,7889	36
25135,2 : 9 =	2792,8	28
1977,80 : 2 =	988,90	34
4,33461 : 7 =	0,61923	21
16,8168 : 8 =	2,1021	6

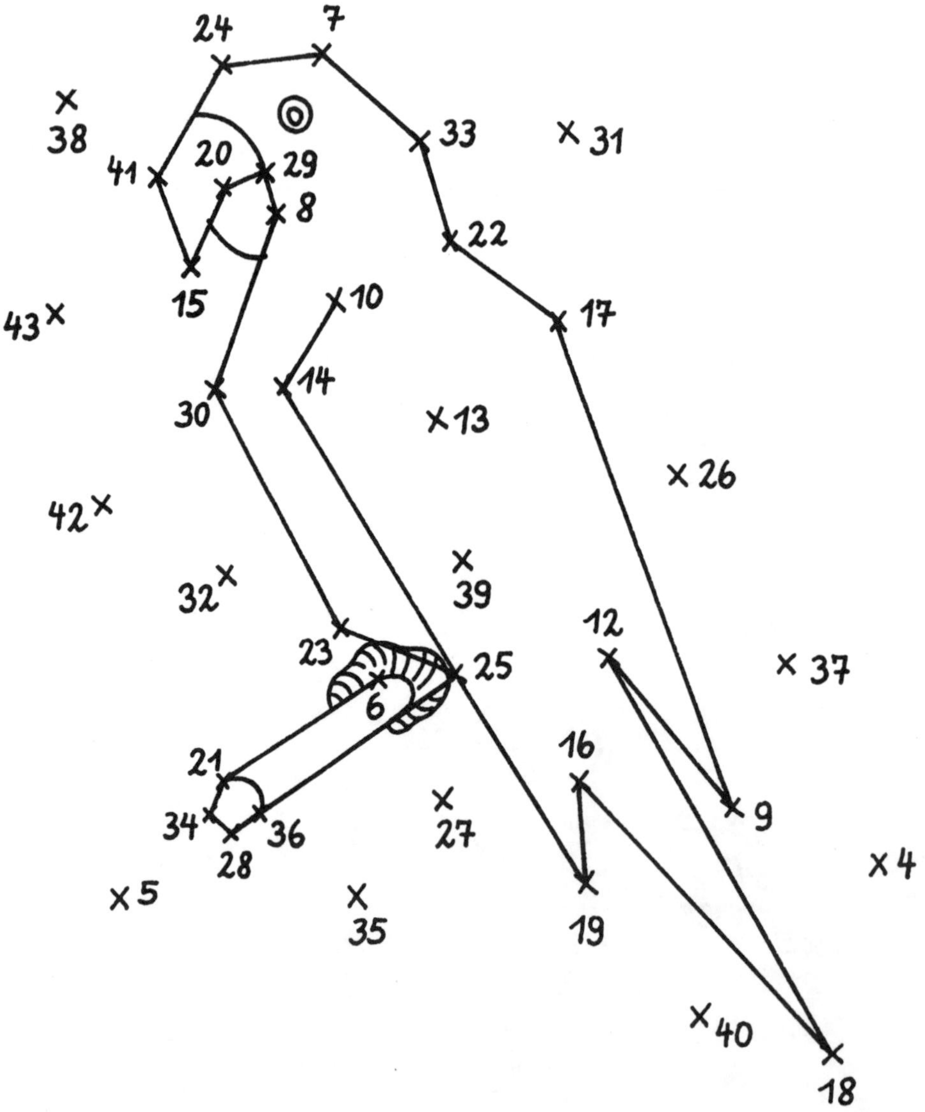

24,732 : 9	7,126 : 7	38,144 : 4	17,448 : 6
23,529 : 3	34,678 : 7	25,77 : 3	2,1034 : 2
58,662 : 9	35,040 : 5	24,642 : 6	72,450 : 9
11,592 : 3	44,856 : 8	26,872 : 4	11,218 : 2
26,698 : 7	16,998 : 3	72,864 : 8	68,22 : 9
6,036 : 6	66,36 : 7	10,812 : 3	12,648 : 6

Lösungen:

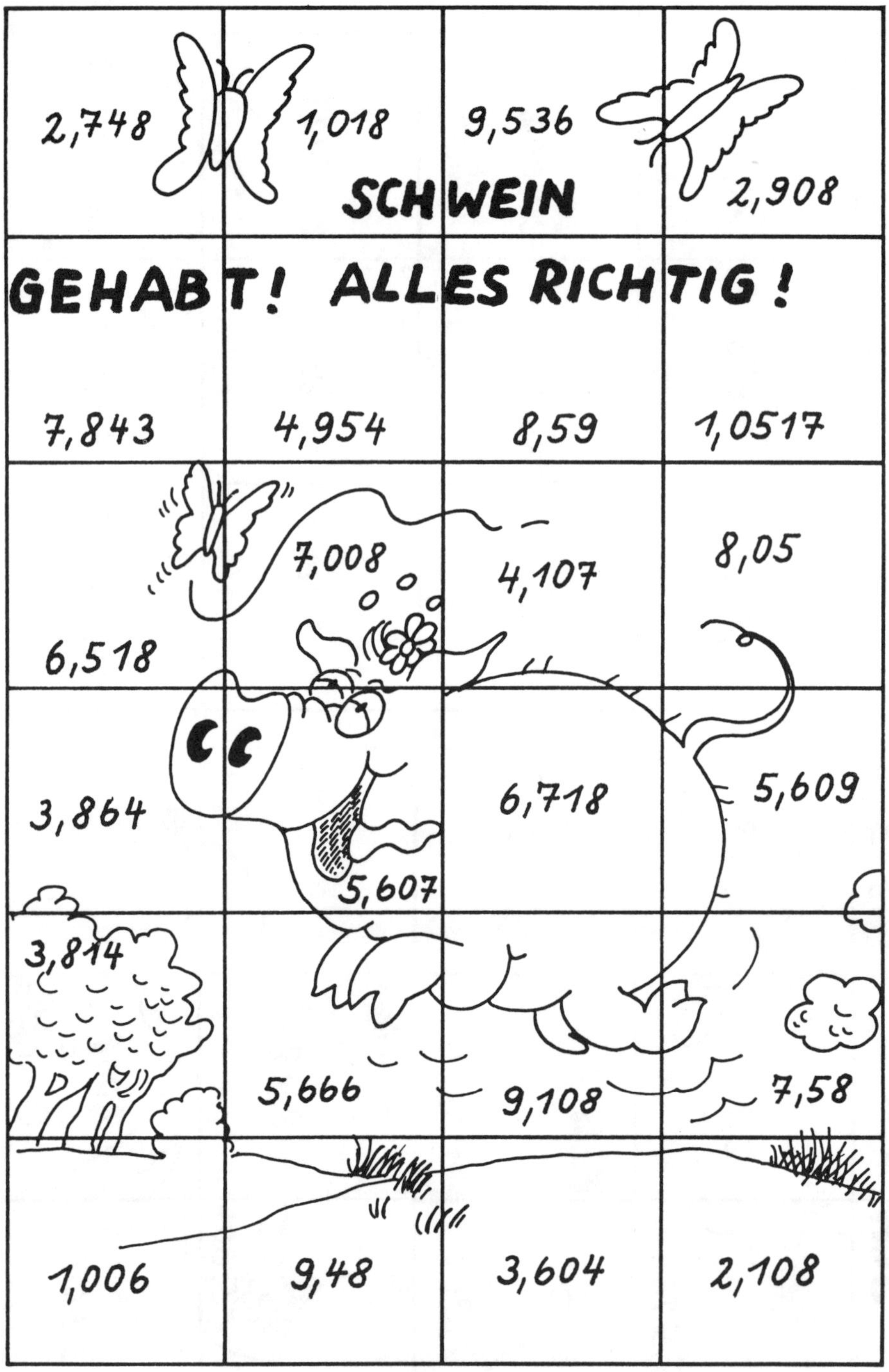
2,748
1,018
9,536
2,908
SCHWEIN
GEHABT! ALLES RICHTIG!
7,843
4,954
8,59
1,0517
7,008
4,107
8,05
6,518
3,864
6,718
5,609
5,607
3,814
5,666
9,108
7,58
1,006
9,48
3,604
2,108

15,03 + 3,5 – 9,4 – 6,13 NICHT	0,5 – 0,345 GEISTER	3,06 · 1,426 UND LEBE	0,019 · 7 EINEN
253,68 : 0,453 HIER.	24,3 + 9,5 ICH WÜRDE	12,3 + 4,6 – 11,07 – 0,42 SEIN.	9,02 + 0,567 GERN
3,8 – 2,3 + 4,2 – 2,75 DAS KANN	2,56 : 1,6 SCHON	0,015 · 0,13 GESEHEN	65,8 + 0,871 KAUFEN.
18,4 – 6,5 SOLL HIER	0,89 – 0,762 GEBEN. –	3,23 : 0,17 JAHRE	0,06 + 0,005 DAS SCHLOSS
21,4 · 6,3 NOCH NIE	25,6 : 0,08 DREIHUN-DERT	100 – 24,6 + 35,18 ICH HABE	7 – 0,8 ABER ES

33,8	0,065	9,587	66,671
6,2	11,9	0,155	0,128
2,95	3	5,41	110,58
134,82	0,133	0,00195	4,36356
1,6	320	19	560

Lösungen:

ICH WÜRDE	DAS SCHLOSS	GERN	KAUFEN.
ABER ES	SOLL HIER	GEISTER	GEBEN. –
DAS KANN	NICHT	SEIN.	ICH HABE
NOCH NIE	EINEN	GESEHEN	UND LEBE
SCHON	DREIHUNDERT	JAHRE	HIER.

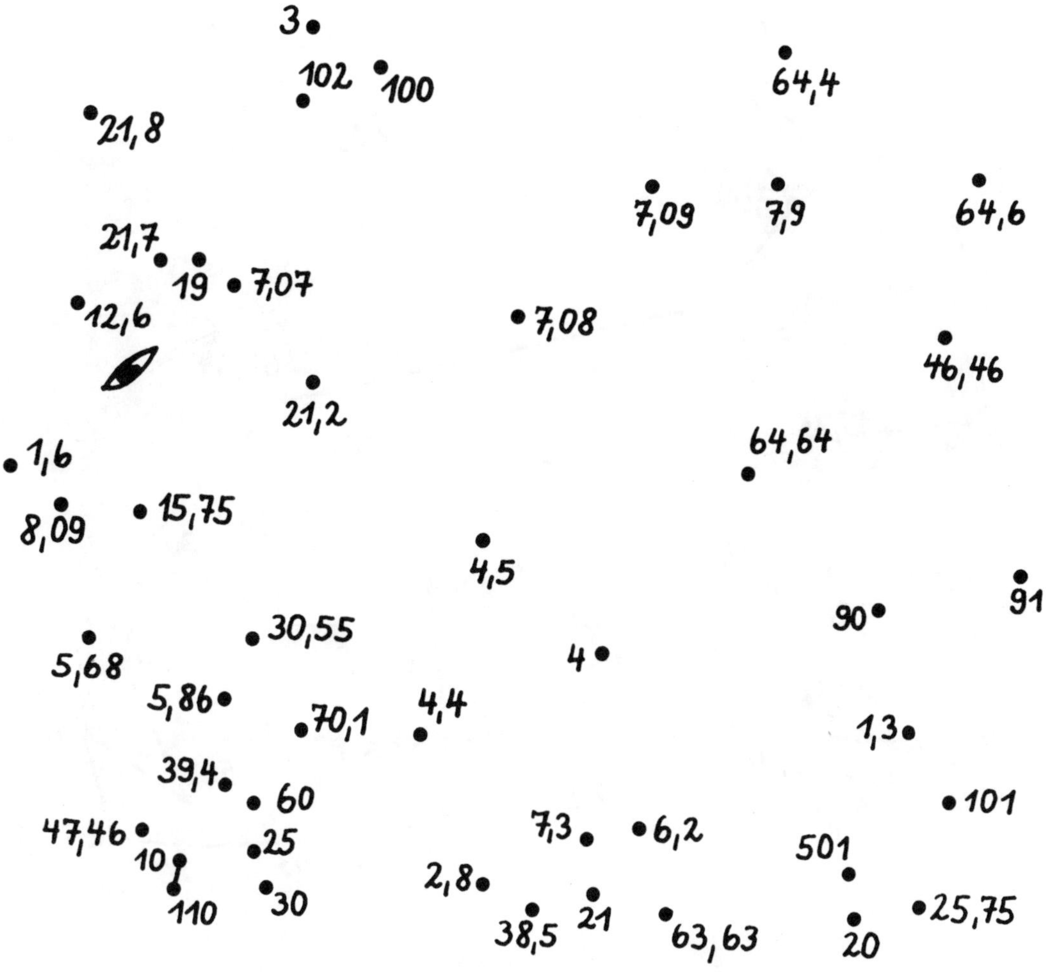

12,5 · 0,8 = _____	45,137 − 23,437 = _____	62,36 − 36,61 = _____
62,5 : 2,5 = _____	3,75 · 0,8 = _____	6,25 · 3,2 = _____
48,735 + 21,365 = _____	56,56 + 45,44 = _____	81,81 − 18,18 = _____
0,94 · 32,5 = _____	75,23 − 56,23 = _____	13,3 + 7,7 = _____
3,653 + 56,347 = _____	217,55 − 213,45 + 95,9 = _____	13,75 · 2,8 = _____
5,65 · 8,4 = _____	49,49 : 7 = _____	64,75 : 23,125 = _____
37,345 + 0,055 + 2 = _____	17,32 + 1 + 2,88 = _____	9,125 · 0,8 = _____
82,7 − 76,84 = _____	8,08 · 8,0 = _____	12,8 : 3,2 = _____
11,25 · 1,4 = _____	21,96 + 68,04 = _____	12,4 · 0,5 = _____
128,346 − 120,256 = _____	3,081 : 2,37 = _____	118,91 : 27,025 = _____
43,488 : 27,18 = _____	400,8 · 1,25 = _____	19,128 + 10,872 = _____
0,03402 : 0,0027 = _____	14,14 + 86,86 = _____	89 − 0,01 + 21,01 = _____

Lösungen:

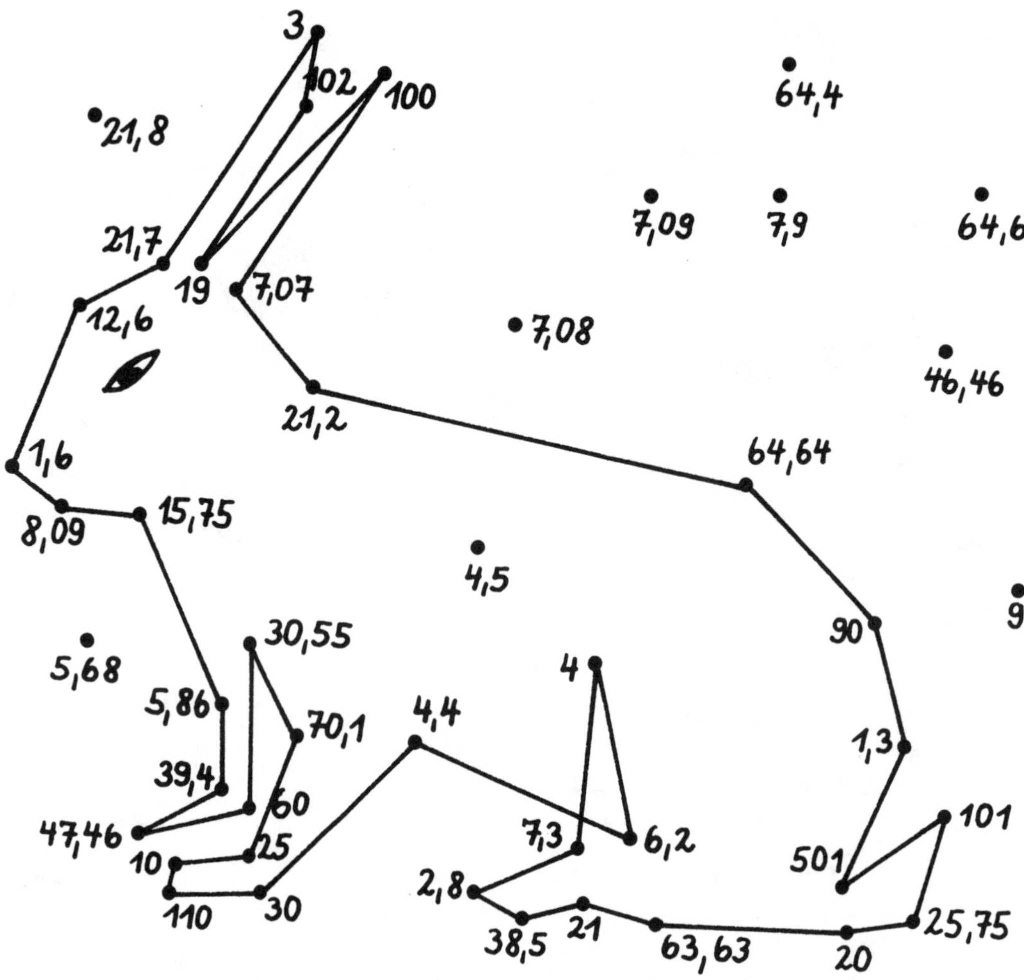

$12{,}5 \cdot 0{,}8 = 10$
$62{,}5 : 2{,}5 = 25$
$48{,}735 + 21{,}365 = 70{,}1$
$0{,}94 \cdot 32{,}5 = 30{,}55$
$3{,}653 + 56{,}347 = 60$
$5{,}65 \cdot 8{,}4 = 47{,}46$
$37{,}345 + 0{,}055 + 2 = 39{,}4$
$82{,}7 - 76{,}84 = 5{,}86$
$11{,}25 \cdot 1{,}4 = 15{,}75$
$128{,}346 - 120{,}256 = 8{,}09$
$43{,}488 : 27{,}18 = 1{,}6$
$0{,}03402 : 0{,}0027 = 12{,}6$

$45{,}137 - 23{,}437 = 21{,}7$
$3{,}75 \cdot 0{,}8 = 3$
$56{,}56 + 45{,}44 = 102$
$75{,}23 - 56{,}23 = 19$
$217{,}55 - 213{,}45 + 95{,}9 = 100$
$49{,}49 : 7 = 7{,}07$
$17{,}32 + 1 + 2{,}88 = 21{,}2$
$8{,}08 \cdot 8{,}0 = 64{,}64$
$21{,}96 + 68{,}04 = 90$
$3{,}081 : 2{,}37 = 1{,}3$
$400{,}8 \cdot 1{,}25 = 501$
$14{,}14 + 86{,}86 = 101$

$62{,}36 - 36{,}61 = 25{,}75$
$6{,}25 \cdot 3{,}2 = 20$
$81{,}81 - 18{,}18 = 63{,}63$
$13{,}3 + 7{,}7 = 21$
$13{,}75 \cdot 2{,}8 = 38{,}5$
$64{,}75 : 23{,}125 = 2{,}8$
$9{,}125 \cdot 0{,}8 = 7{,}3$
$12{,}8 : 3{,}2 = 4$
$12{,}4 \cdot 0{,}5 = 6{,}2$
$118{,}91 : 27{,}025 = 4{,}4$
$19{,}128 + 10{,}872 = 30$
$89 - 0{,}01 + 21{,}01 = 110$

$55{,}5 : 37 =$	
$0{,}5 \cdot \frac{7}{2} =$	
$\frac{5}{3} : \frac{3}{5} =$	
$1\frac{2}{3} + 1\frac{2}{9} =$	
$17\frac{6}{8} - 14\frac{1}{4} =$	
$0{,}25 \cdot 15 =$	
$31{,}60 : 7{,}9 =$	
$0{,}73 \cdot 5{,}9 =$	
$2\frac{4}{9} + 3\frac{1}{6} =$	
$10{,}97 - 4{,}1 =$	
$3{,}08 + 4{,}42 =$	
$\frac{6}{4} \cdot \frac{76}{15} =$	
$1312{,}99 - 1305 =$	
$899{,}6 : 112{,}45 =$	
$50 \cdot 0{,}07 =$	
$\frac{4}{6} \cdot 2\frac{1}{4} =$	
$\frac{11}{12} : \frac{11}{21} =$	
$19{,}02 - 10{,}92 =$	
$11{,}637 - 3{,}647 =$	
$4\frac{1}{2} + 3\frac{1}{10} =$	

Schlüssel:

8,1	U
8,0	T
7,999	A
7,99	T
$7\frac{3}{5}$	E
7,5	N
6,87	D
6,0	B
$5\frac{11}{18}$	N
4,307	I
4	S
3,8	C
3,75	R
$3\frac{1}{2}$	E
$2\frac{8}{9}$	R
$2\frac{15}{18}$	F
$2\frac{7}{9}$	H
$1\frac{3}{4}$	E
1,5	L

Tip: Manchmal muß ein Dezimalbruch in eine Bruchzahl umgewandelt werden oder umgekehrt.

Lösungen:

$55{,}5 : 37 = 1{,}5$	L
$0{,}5 \cdot \frac{7}{2} = 1\frac{3}{4}$	E
$\frac{5}{3} : \frac{3}{5} = 2\frac{7}{9}$	H
$1\frac{2}{3} + 1\frac{2}{9} = 2\frac{8}{9}$	R
$17\frac{6}{8} - 14\frac{1}{4} = 3\frac{1}{2}$	E
$0{,}25 \cdot 15 = 3{,}75$	R
$31{,}60 : 7{,}9 = 4$	S
$0{,}73 \cdot 5{,}9 = 4{,}307$	I
$2\frac{4}{9} + 3\frac{1}{6} = 5\frac{11}{18}$	N
$10{,}97 - 4{,}1 = 6{,}87$	D
$3{,}08 + 4{,}42 = 7{,}5$	N
$\frac{6}{4} \cdot \frac{76}{15} = 7\frac{3}{5}$	E
$1312{,}99 - 1305 = 7{,}99$	T
$899{,}6 : 112{,}45 = 8{,}0$	T
$50 \cdot 0{,}07 = 3{,}5$	E
$\frac{4}{6} \cdot 2\frac{1}{4} = 1\frac{1}{2}$	L
$\frac{11}{12} : \frac{11}{21} = 1\frac{3}{4}$	E
$19{,}02 - 10{,}92 = 8{,}1$	U
$11{,}637 - 3{,}647 = 7{,}99$	T
$4\frac{1}{2} + 3\frac{1}{10} = 7\frac{3}{5}$	E

Aufgabenkarten:

$131{,}26 + 54{,}23$	$398{,}35 - 225{,}38$	$132{,}16 + 40{,}81$	$389{,}25 - 209{,}09$
JETZT	OSTFRIESEN	DIE	BEWERFEN
DIE	HAFEN	DEUTSCHE	STEHT:
$56{,}3 \cdot 3{,}2$	$328{,}643 : 1{,}9$	$63{,}44 \cdot 2{,}5$	$296{,}784 : 1{,}6$
$124{,}35 + 55{,}81$	$394{,}17 - 208{,}68$	$128{,}95 + 29{,}65$	$391{,}37 - 232{,}77$
WARUM	MIT	STEINEN?	WEIL
IM	WERFT!	DA	SCHIFFE
$17{,}65 \cdot 9{,}8$	$206{,}18 : 1{,}3$	$45{,}8 \cdot 4{,}05$	$270{,}24 : 1{,}5$

Spielplan:

180,16	172,97
185,49	158,6

Ordne immer 4 Aufgaben(-kärtchen) einem Ergebnis zu!

Lösungen:

124,35 + 55,81	389,25 − 209,09	132,16 + 40,81	398,35 − 225,38
WARUM	BEWERFEN	DIE	OSTFRIESEN
DIE	SCHIFFE	IM	HAFEN
56,3 · 3,2	270,24 : 1,5	17,65 · 9,8	328,643 : 1,9
131,26 + 54,23	394,17 − 208,68	128,95 + 29,65	391,37 − 232,77
JETZT	MIT	STEINEN?	WEIL
DA	STEHT:	DEUTSCHE	WERFT!
45,8 · 4,05	296,784 : 1,6	63,44 · 2,5	206,18 : 1,3

143,86 − 2,74 + 0,3	7,9 · 0,34	6,38 + 12,75	4,7 − 3,85
14,62 : 17	0,8 + 0,8	$1{,}3^3$	6,24 : 2,4
34,9 − 13,3 − 17,8	$2{,}4^2 + 1{,}6^2$	0,9 + 8,4 − 6,1	0,03 − 0,008
4,04 + 6,38 + 20,3	11,2 − 3,8	3,78 · 2,69	45 : 1,2
$3{,}6^4$	2,5 : 0,5	$16{,}3^2$	0,7 · 3,41 + 3

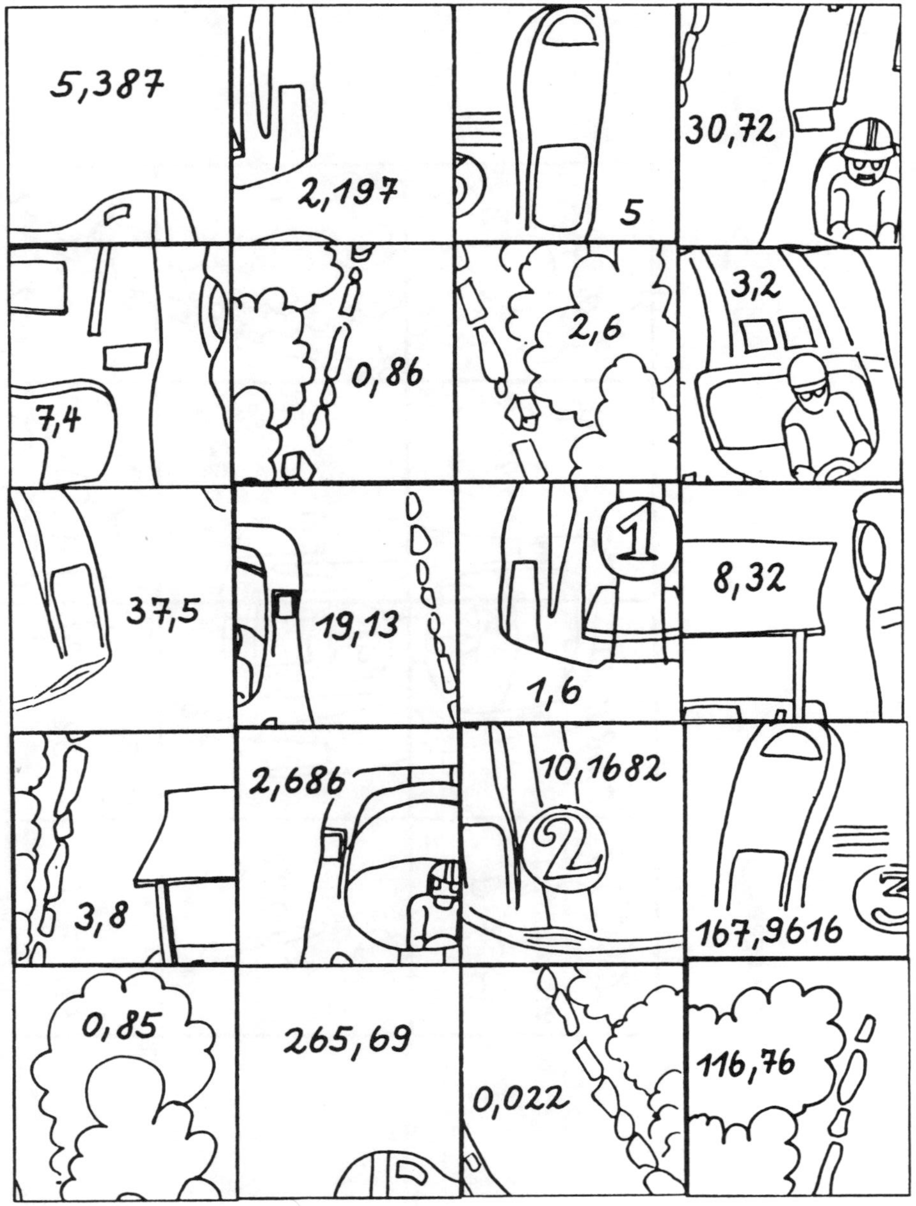

Lösungen:

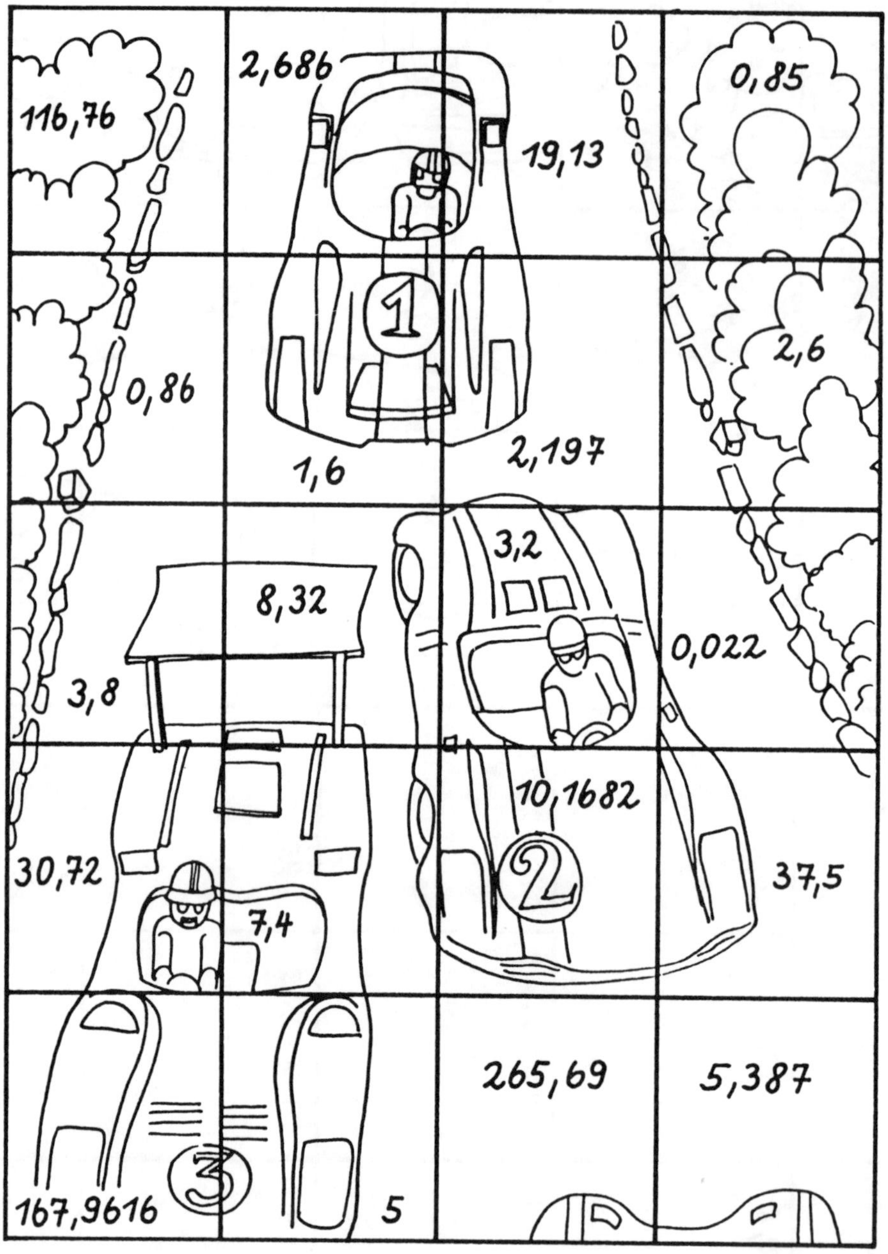
116,76
2,686
19,13
0,85
0,86
1,6
2,197
2,6
8,32
3,2
3,8
0,022
10,1682
30,72
7,4
37,5
265,69
5,387
167,9616
5

19.20 Uhr **GE** | 7.41 Uhr + 2 h 33 min	7.07 Uhr **US** | 6.19 Uhr + 3 h 45 min	22.13 Uhr **TM** | 13.11 Uhr + 10 h 17 min	7.30 Uhr **1986** | ENDE
10.12 Uhr **IN** | 13.57 Uhr + 10 h 18 min	15.35 Uhr **NF** | 0.17 Uhr + 6 h 50 min	12.43 Uhr **LW** | 23.22 Uhr + 12 h 59 min	23.28 Uhr **EI** | 17.16 Uhr + 6 h 44 min
22.04 Uhr **ER** | 12.05 Uhr + 19 h 25 min	7.23 Uhr **AL** | 8.06 Uhr + 4 h 37 min	0.15 Uhr **IE** | 14.05 Uhr + 1 h 30 min	START **AR** | 10.36 Uhr + 8 h 44 min
10.14 Uhr **NT** | 8.17 Uhr + 1 h 55 min	10.04 Uhr **SB** | 5.33 Uhr + 1 h 50 min	12.21 Uhr **EL** | 14.58 Uhr + 7 h 15 min	0.00 Uhr **ST** | 16.48 Uhr + 5 h 16 min

Lösungen:

START **AR**	10.36 Uhr + 8 h 44 min	19.20 Uhr **GE**	7.41 Uhr + 2 h 33 min	10.14 Uhr **NT**	8.17 Uhr + 1 h 55 min	10.12 Uhr **IN**	13.57 Uhr + 10 h 18 min
0.15 Uhr **IE**	14.05 Uhr + 1 h 30 min	15.35 Uhr **NF**	0.17 Uhr + 6 h 50 min	7.07 Uhr **US**	6.19 Uhr + 3 h 45 min	10.04 Uhr **SB**	5.33 Uhr + 1 h 50 min
7.23 Uhr **AL**	8.06 Uhr + 4 h 37 min	12.43 Uhr **LW**	23.22 Uhr + 12 h 59 min	12.21 Uhr **EL**	14.58 Uhr + 7 h 15 min	22.13 Uhr **TM**	13.11 Uhr + 10 h 17 min
23.28 Uhr **EI**	17.16 Uhr + 6 h 44 min	0.00 Uhr **ST**	16.48 Uhr + 5 h 16 min	22.04 Uhr **ER**	12.05 Uhr + 19 h 25 min	7.30 Uhr **1986**	ENDE

Lösungssatz: Argentinien Fussballweltmeister 1986

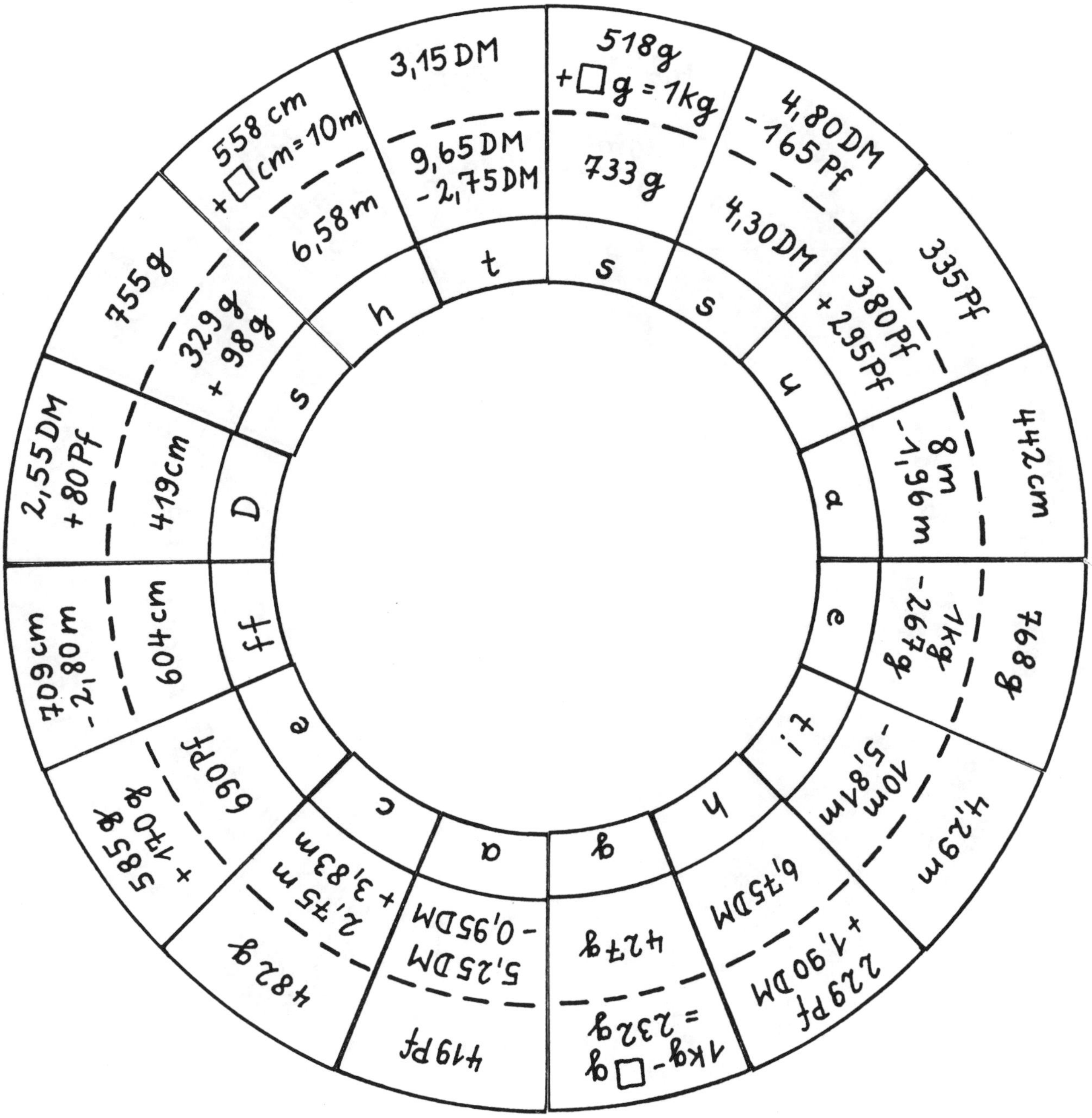
3,15 DM
518 g
+□g = 1kg
4,80 DM
-165 Pf
335 Pf
442 cm
768 g
4,29 m
2,29 Pf
+1,90 DM
1kg - □g
= 232 g
419 Pf
5,25 DM
- 0,95 DM
482 g
2,75 m
+ 3,83 m
585 g
+ 170 g
690 Pf
709 cm
- 2,80 m
604 cm
2,55 DM
+ 80 Pf
419 cm
755 g
329 g
+ 98 g
558 cm
+□cm = 10 m
6,58 m
9,65 DM
- 2,75 DM
733 g
4,30 DM
380 Pf
+ 295 Pf
8 m
- 1,96 m
1kg
- 267 g
10 m
- 5,84 m
6,75 DM
427 g
t
s
s
u
a
e
ti
h
g
a
c
e
ff
D
s
h

Lösungen:

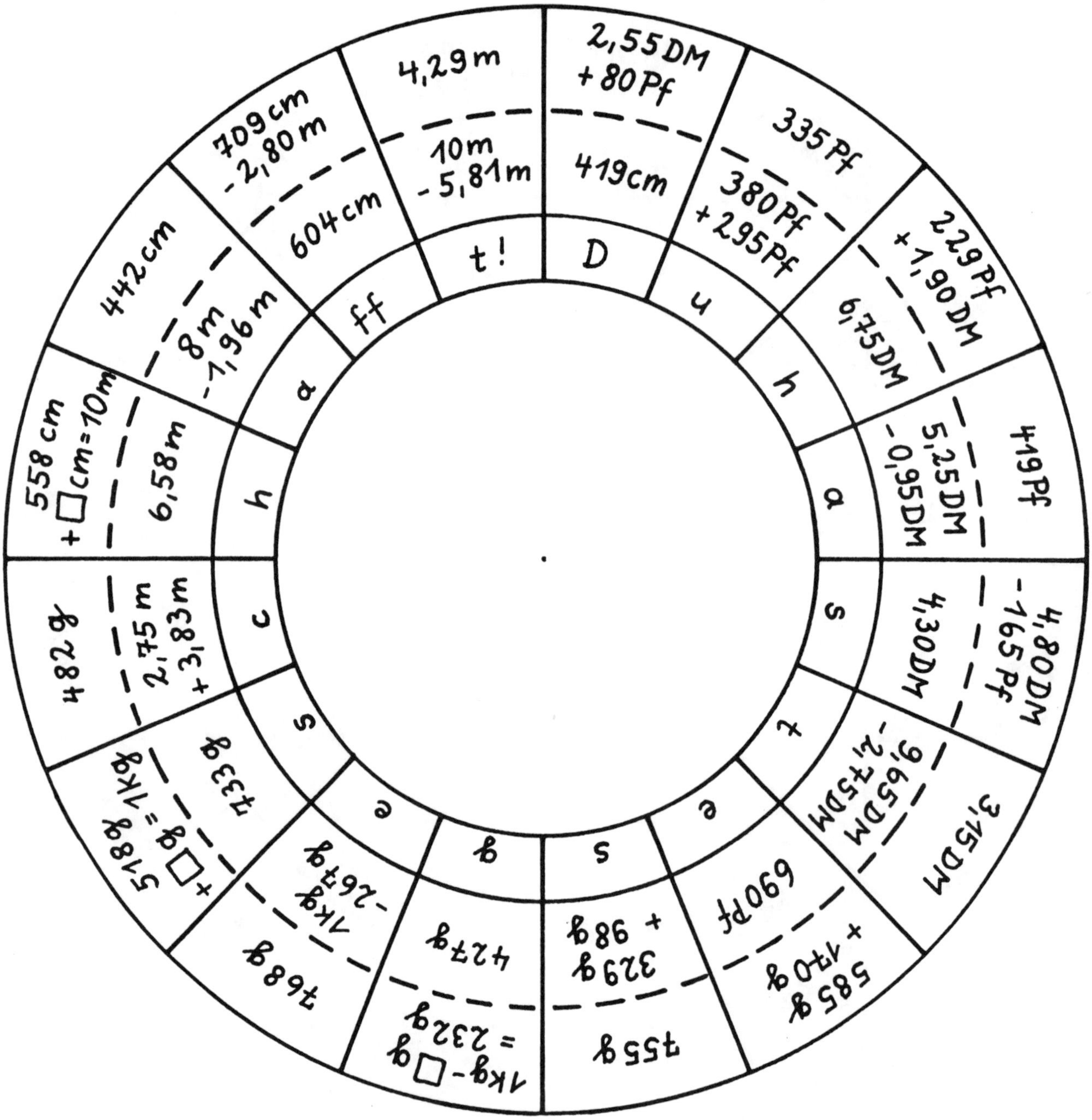
2,55 DM + 80 Pf
D
419 cm
335 Pf
380 Pf + 295 Pf
u
229 Pf + 1,90 DM
6,75 DM
h
419 Pf
5,25 DM - 0,95 DM
a
4,80 DM - 165 Pf
4,30 DM
s
3,15 DM
9,65 DM - 2,15 DM
t
585 g + 170 g
690 Pf
e
755 g
329 g + 98 g
s
1 kg - □ g = 232 g
427 g
g
768 g
1 kg - 267 g
e
518 g + □ g = 1 kg
733 g
s
482 g
2,75 m + 3,83 m
c
558 cm + □ cm = 10 m
6,58 m
h
442 cm
8 m - 1,96 m
a
709 cm - 2,80 m
604 cm
ff
4,29 m
10 m - 5,81 m
t!

8,625 · 20 km	78,669 m : 9	47,844 km : 12	130,872 hl : 19	4,258 · 64 km
188,080 kg : 80	6,984 · 39 km	58,651 hl : 89	130,847 km : 23	91,845 m : 15
8,968 kg · 47	124,553 hl : 13	679,532 m : 98	120,656 km : 16	56,46 cm : 6
3,698 · 98 hl	69,82 cm · 6,5	106,45 km : 25	387,777 km : 61	20,862 kg : 18
7,259 km · 68	6,969 · 31 m	55,043 kg : 19	2,894 · 27 kg	5,960 m · 84
240,370 kg : 65	131,418 km : 21	524,7 m : 99	6,258 · 65 m	5,874 hl · 98

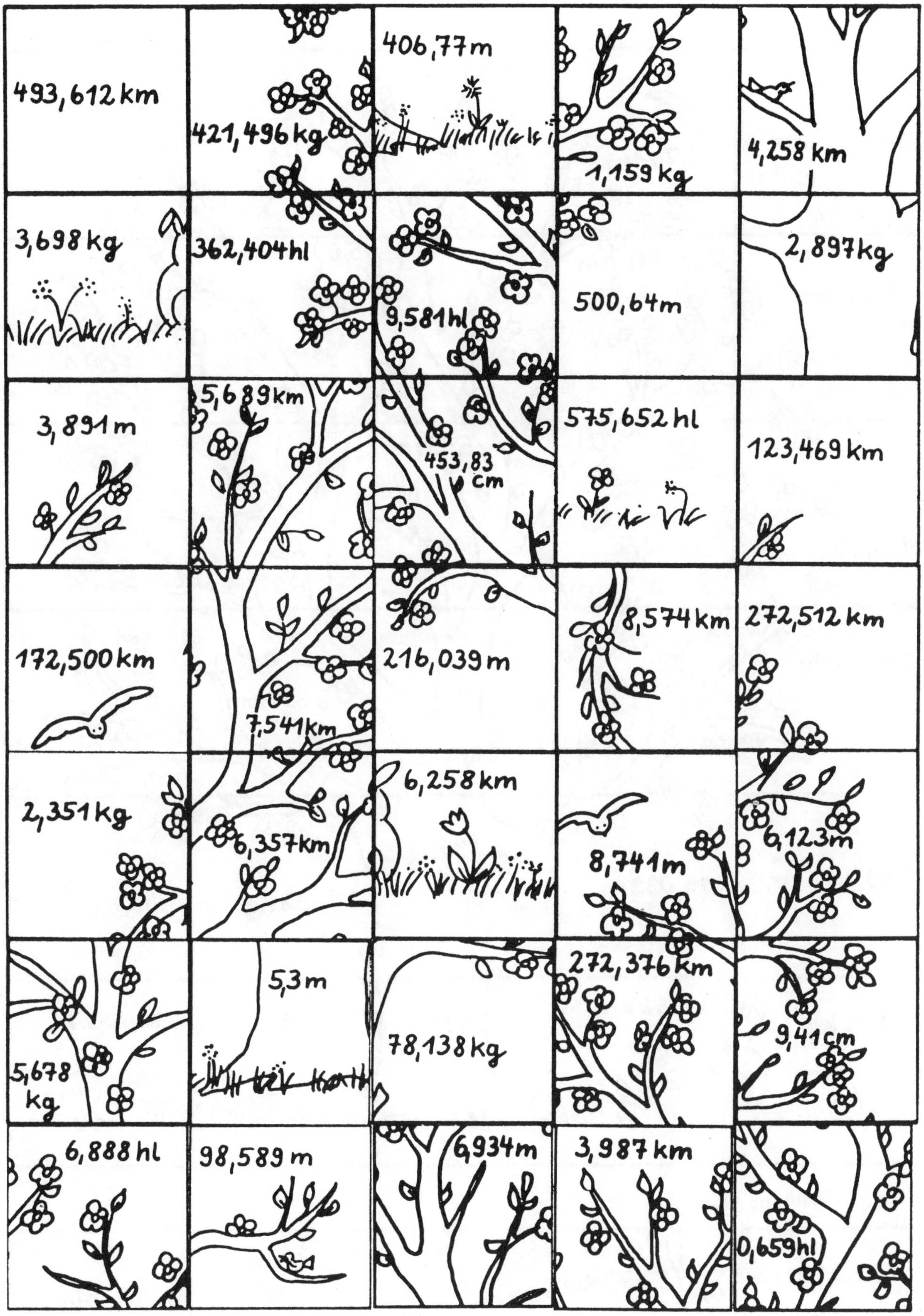
493,612 km
421,496 kg
406,77 m
1,159 kg
4,258 km
3,698 kg
362,404 hl
9,581 hl
500,64 m
2,897 kg
3,891 m
5,689 km
453,83 cm
575,652 hl
123,469 km
172,500 km
7,541 km
216,039 m
8,574 km
272,512 km
2,351 kg
6,357 km
6,258 km
8,741 m
6,123 m
5,678 kg
5,3 m
78,138 kg
272,376 km
9,41 cm
6,888 hl
98,589 m
6,934 m
3,987 km
0,659 hl

Lösungen:

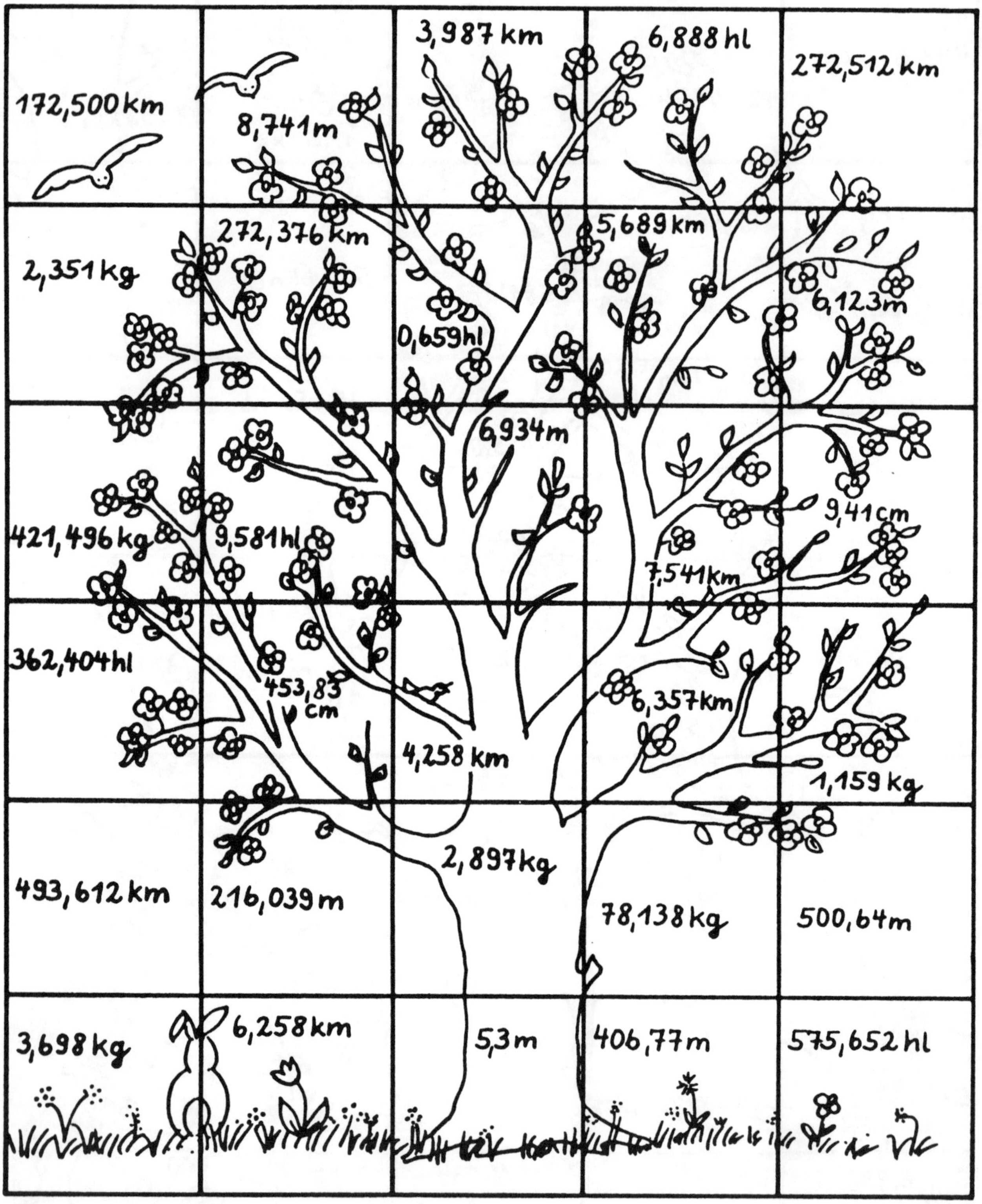

Diese Puzzleteile bleiben übrig:

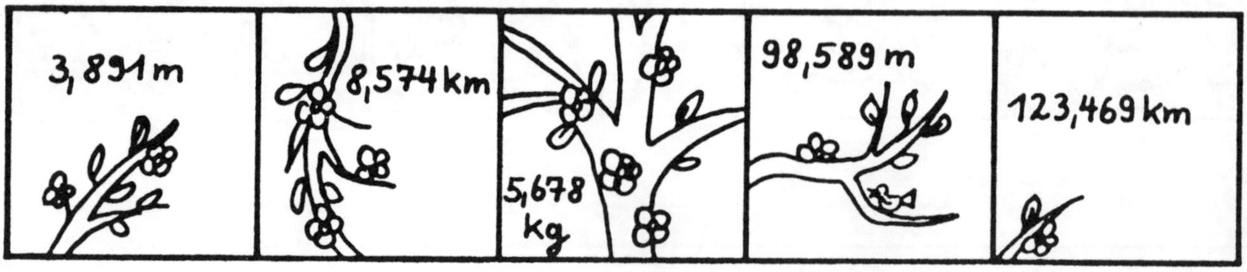

	[+ · : −] Beispiel: 490 g : 7 = 70 g 70 g + 2 kg = 2,070 kg		
20 kg 720 g [490 g] 4 kg 9 kg 330 g	6 kg 5 3 250 g 8 [: 7]	[+ 2 kg] 23 kg 370 g 2 kg 5 3 kg	4,650 kg 10,000 kg 14,630 kg [2,070 kg] 4,050 kg 23,090 kg

Lösungen:

	+ · : −		
20 kg 720 g 490 g 4 kg 9 kg 330 g	6 kg + · 5 · 3 + 250 g : 8 : 7	+ 2 kg + 23 kg 370 g − − 2 kg : 5 +3 kg	4,650 kg 10,000 kg 14,630 kg 2,070 kg 4,050 kg 23,090 kg

An der Tankstelle

Bei AUTOL kostet der Liter	Super	1,25 DM
	Normal	1,16 DM
	Diesel	1,05 DM.

1. a) Frau Müller tankt 42 l Super.
   b) Herr Maier braucht Normalbenzin, 45 l.
   c) Herr Schulte tankt mit seinem Diesel 51 l.
2. An der Diesel-Säule verkauft der Tankstellenpächter nacheinander für
   a) 54,60 DM
   b) 49,35 DM
   c) 57,75 DM.
3. Außerdem wird an Superkraftstoff verkauft:
   a) 45,4 l
   b) 40,6 l
   c) 42,8 l
4. a) Frau Günther hat in der vergangenen Woche für 52,50 DM Super getankt.
   b) Jetzt hat sie einen neuen Diesel gekauft. Wieviel l bekommt sie nun fürs gleiche Geld?
5. Der Tankstellenpächter prüft eine Quittung über 56,84 DM. Er weiß noch, daß er eine „glatte“ Literzahl verkauft hat, aber nicht mehr wieviel Liter welcher Sorte.

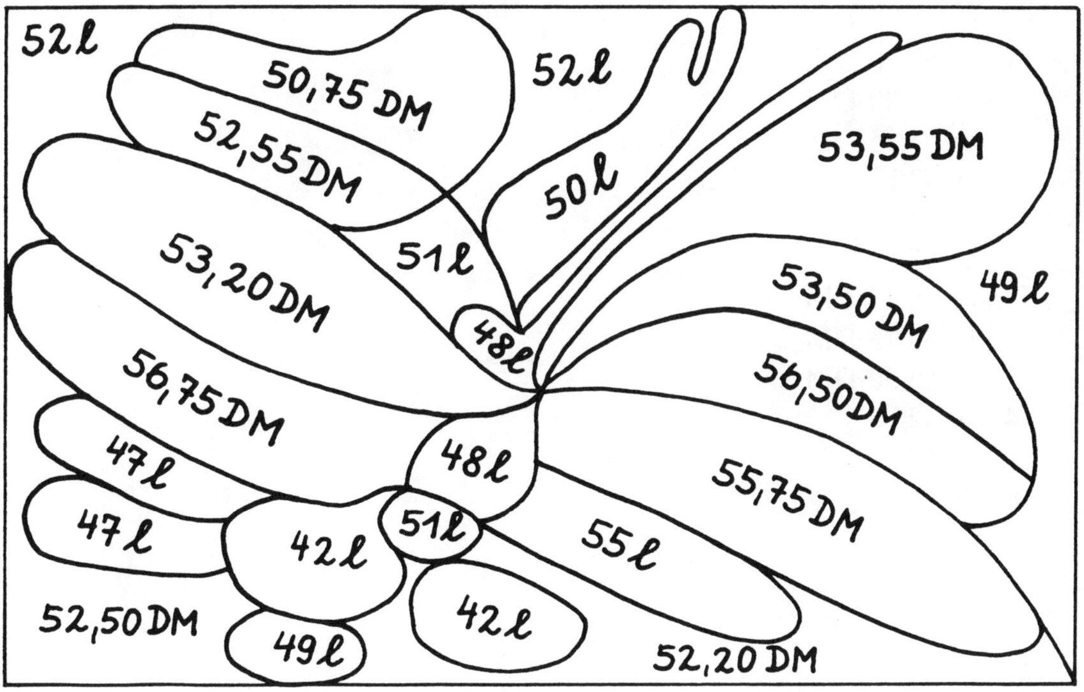

Lösungen:

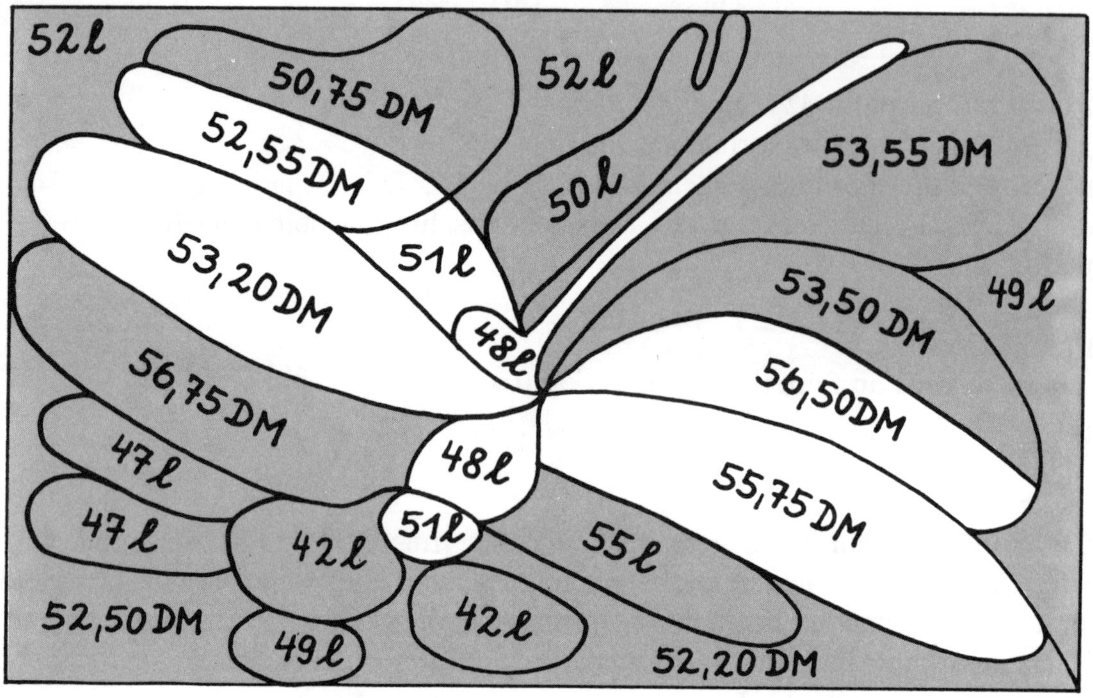

Lösungszahlen der Textaufgaben:

1. a) 52,50 DM
   b) 52,20 DM
   c) 53,55 DM
2. a) 52 l
   b) 47 l
   c) 55 l
3. a) 56,75 DM
   b) 50,75 DM
   c) 53,50 DM
4. a) 42 l
   b) 50 l
5. 49 l

Text		Frage	Lösungszahl
Herr Maier kauft einen CD-Plattenspieler zu 898 DM in 5 gleichen Raten.	Er zahlt aber in 12 Raten zu 555,55 DM.	Wieviel Geld kann er jeden Monat behalten?	302,20 DM
Günters großer Bruder verdient im Jahr als Lehrling 8046 DM.	Das Haus bringt im Jahr 22 752 DM Mieteinnahmen.	Für wieviel DM hat er Platten gekauft, wenn die erste Zahlung 615,10 DM beträgt?	304,25 DM
Günters Bruder will sich in diesem Jahr einen Fotoapparat für 2498,50 DM, einen Diaprojektor für 999,90 DM und eine Leinwand für 152,60 DM kaufen.	Zu Weihnachten erhält sie eine einmalige Zuwendung von 796,80 DM.	Was kostet der Tisch?	342,40 DM
Frau Maier verdient als Aushilfskraft im Monat 376,85 DM.	Jeder der 24 Schüler muß 287,25 DM bezahlen.	Wieviel DM hätte er bei Barzahlung sparen können?	345,50 DM
Herr Fischer kauft einen Wohnzimmerschrank zum Barpreis von 6324,20 DM.	Zusammen mit der 1. Rate zahlt er auch noch einige CD-Platten.	Wieviel Geld muß er für seine Fotoausrüstung monatlich zurücklegen?	435,50 DM
Frau Fischer kauft einen Tisch und 4 Stühle für zusammen 957 DM.	Für die Fotoausrüstung legt er 12 Monate den gleichen Betrag zurück.	Wie hoch sind dann noch die Kosten für den Lehrer?	443,25 DM
In einem Dreifamilienhaus beträgt die Monatsmiete für die beiden unteren Wohnungen je 676,25 DM.	Für jeden Stuhl muß sie 125,90 DM bezahlen.	Wie hoch ist dadurch jetzt ihr durchschnittliches Monatseinkommen?	453,40 DM
Die Klassenfahrt der 6b kostet zusammen 7196,20 DM.	Monatlich muß er 325 DM an die Haushaltskasse zahlen.	Wie hoch ist die Monatsmiete der Dachgeschoßwohnung?	503,45 DM
			543,50 DM

Lösungen:

Text		Frage	Lösungszahl
Herr Maier kauft einen CD-Plattenspieler zu 898 DM in 5 gleichen Raten. ①	Er zahlt aber in 12 Raten zu 555,55 DM. ⑤	Wieviel Geld kann er jeden Monat behalten? ②	⑧ 302,20 DM
Günters großer Bruder verdient im Jahr als Lehrling 8046 DM. ②	Das Haus bringt im Jahr 22 752 DM Mieteinnahmen. ⑦	Für wieviel DM hat er Platten gekauft, wenn die erste Zahlung 615,10 DM beträgt? ①	③ 304,25 DM
Günters Bruder will sich in diesem Jahr einen Fotoapparat für 2498,50 DM, einen Diaprojektor für 999,90 DM und eine Leinwand für 152,60 DM kaufen. ③	Zu Weihnachten erhält sie eine einmalige Zuwendung von 796,80 DM. ④	Was kostet der Tisch? ⑥	⑤ 342,40 DM
Frau Maier verdient als Aushilfskraft im Monat 376,85 DM. ④	Jeder der 24 Schüler muß 287,25 DM bezahlen. ⑧	Wieviel DM hätte er bei Barzahlung sparen können? ⑤	② 345,50 DM
Herr Fischer kauft einen Wohnzimmerschrank zum Barpreis von 6324,20 DM. ⑤	Zusammen mit der 1. Rate zahlt er auch noch einige CD-Platten. ①	Wieviel Geld muß er für seine Fotoausrüstung monatlich zurücklegen? ③	① 435,50 DM ④ 443,25 DM
Frau Fischer kauft einen Tisch und 4 Stühle für zusammen 957 DM. ⑥	Für die Fotoausrüstung legt er 12 Monate den gleichen Betrag zurück. ③	Wie hoch sind dann noch die Kosten für den Lehrer? ⑧	⑥ 453,40 DM
In einem Dreifamilienhaus beträgt die Monatsmiete für die beiden unteren Wohnungen je 676,25 DM. ⑦	Für jeden Stuhl muß sie 125,90 DM bezahlen. ⑥	Wie hoch ist dadurch jetzt ihr durchschnittliches Monatseinkommen? ④	Kontrollzahl 503,45 DM
Die Klassenfahrt der 6b kostet zusammen 7196,20 DM. ⑧	Monatlich muß er 325 DM an die Haushaltskasse zahlen. ②	Wie hoch ist die Monatsmiete der Dachgeschoßwohnung? ⑦	⑦ 543,50 DM

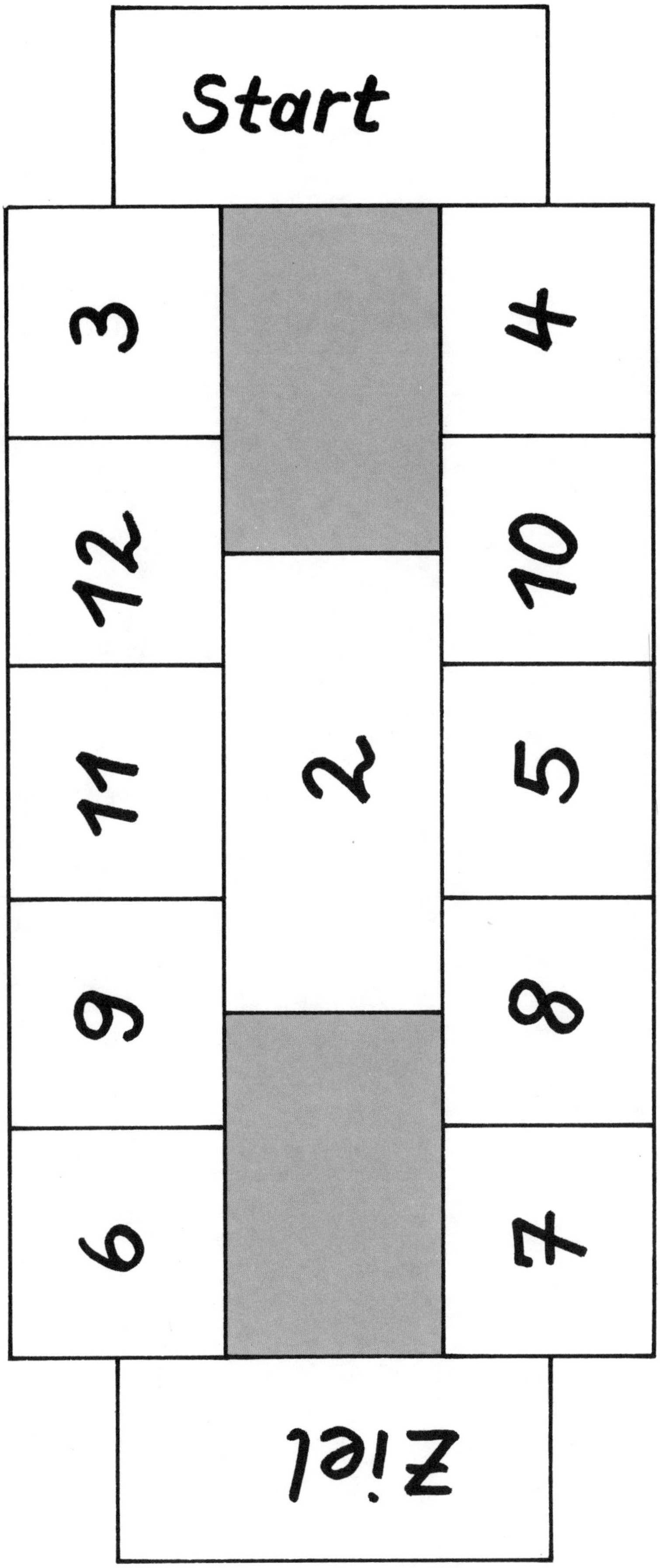

Spielregel:

Beide Spieler setzen ihre Spielsteine auf „Start“. Jeder entscheidet sich für ein angrenzendes Feld (auch nach jedem Vorrücken). Abwechselnd würfelt jeder Spieler mit beiden Würfeln, addiert die Augen und rückt vor, wenn die Augensumme mit der Zahl im von ihm gewählten Feld übereinstimmt. Wer zuerst das Ziel erreicht, hat gewonnen.

Hinweis: Partnerspiel (2 Würfel, 2 Spielsteine)

Start

Spielregel:

Alle Spieler setzen ihre Spielmarke auf „Start“.

- Reihum wird gewürfelt. Vor jedem Würfeln entscheidet sich jeder Spieler für eine Zahl von 1 bis 6, oder er wählt „gerade“ (oder „ungerade“).
- Würfelt der Spieler die gewählte Zahl, darf er 2 Felder vor. Hat er sich für „gerade“ (oder „ungerade“) entschieden und die Augenzahl 2, 4, 6 (oder 1, 3, 5) gewürfelt, so rückt er 1 Feld vor.
- Gewonnen hat, wer zuerst das Ziel erreicht.

Ziel

Hinweis: Partner-/Gruppenspiel

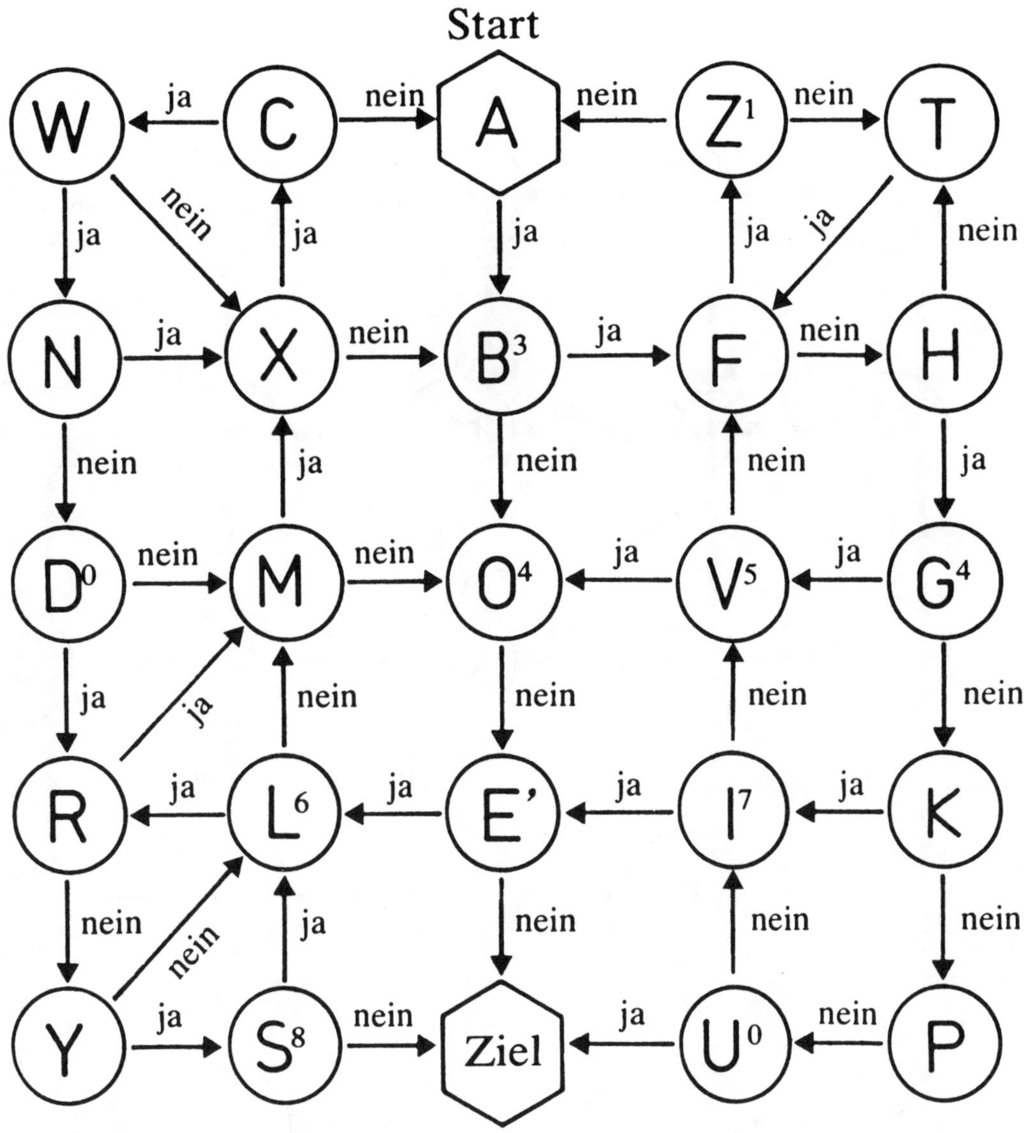

Sind die Buchstaben achsensymmetrisch – ja oder nein?

Lösungen:

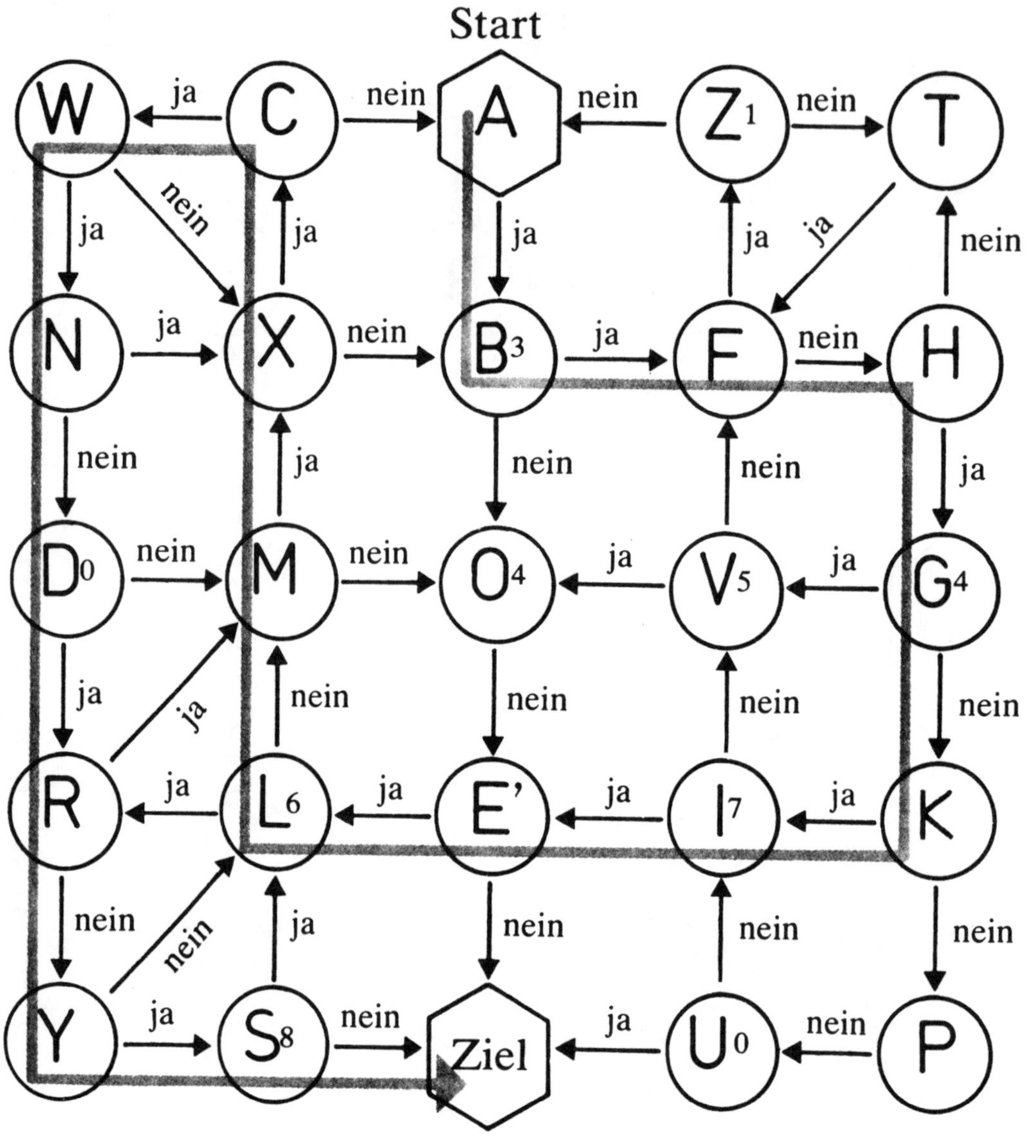

3	4	7,	6	0	:	8	=	4	3,	4	5

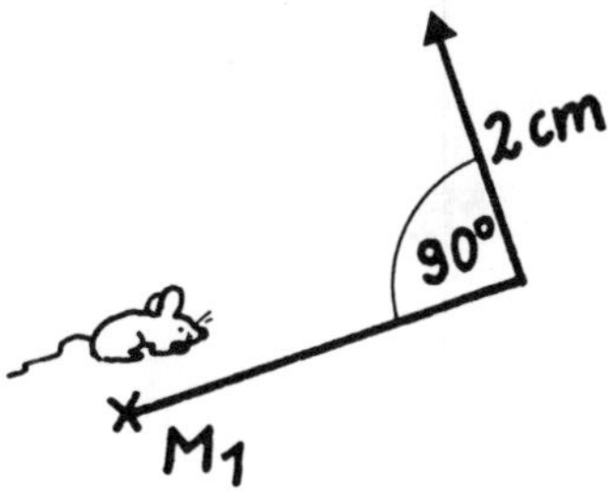

Katze und Mäuse!

Welche Maus fängt die Katze und wo?
(Katze und Maus kommen sich näher als 1 cm.)
Den Weg aller Tiere kannst du nachzeichnen!
Beispiel: Maus M_1 ändert nach der ersten Laufstrecke die Richtung zum bisherigen Weg um 90° nach links (l) und läuft dann 2 cm weit; also: 90° l, 2 cm

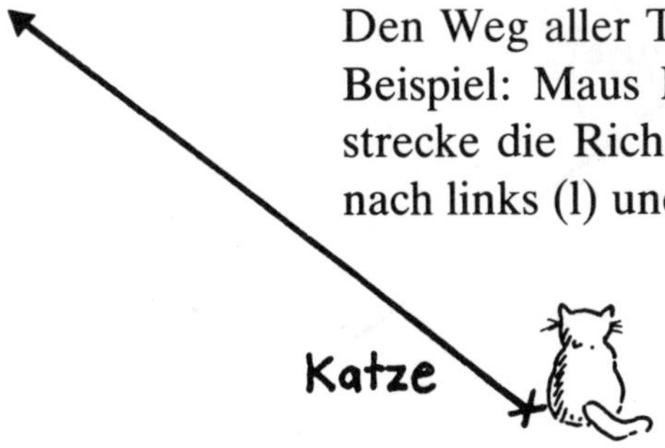

M_1: 90° l, 2 cm; 135° r, 3 cm; 65° l, 4 cm; 60° r, 7 cm; 110° l, 4 cm; 20° r, 3,5 cm; 40° l, 3 cm; 145° r, 2 cm

M_2: 45° l, 3 cm; 30° r, 4 cm; 75° l, 5 cm; 140° r, 4 cm; 25° l, 4 cm; 35° r, 5 cm; 55° l, 2 cm; 115° l, 3 cm

Katze: 70° r, 7 cm; 75° l, 8 cm; 65° r, 6 cm; 45° l, 4 cm; 60° r, 5 cm

Lösungen:

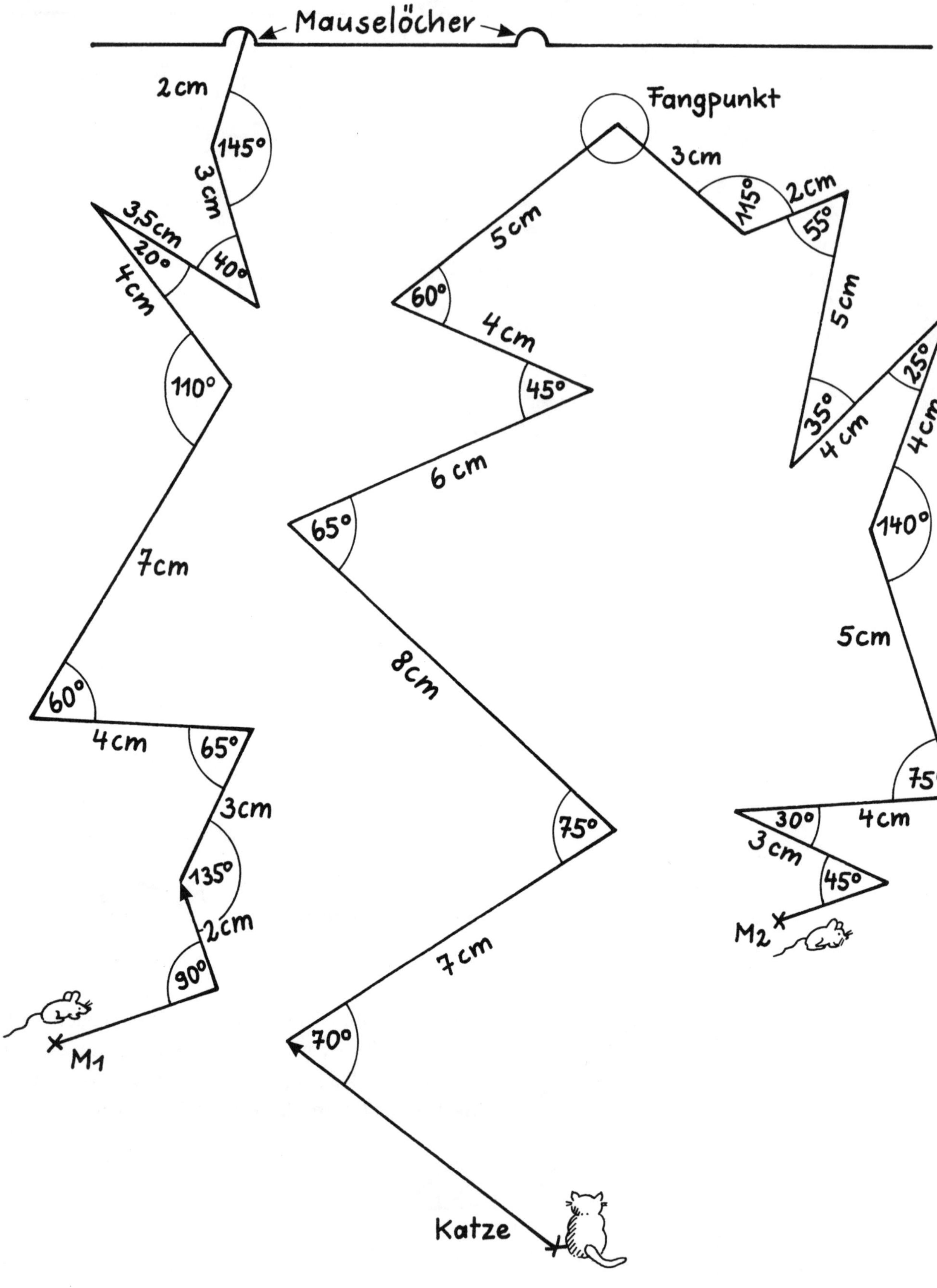
Mauselöcher
Fangpunkt
2cm
145°
3cm
3,5cm
20°
40°
4cm
110°
7cm
60°
4cm
65°
3cm
135°
2cm
90°
M1
5cm
60°
4cm
45°
6cm
65°
8cm
75°
7cm
70°
Katze
3cm
115°
2cm
55°
5cm
35°
4cm
25°
4cm
140°
5cm
75°
4cm
30°
3cm
45°
M2